# ONE
## JAMIE OLIVER

Food photography DAVID LOFTUS & RICHARD CLATWORTHY

Portrait photography PAUL STUART

Design JAMES VERITY

줄스에게

이 책을 저의 No.1에게 바칩니다. 제가 당신에게 필요한 완벽한 책을 쓴다면 바로 이 책일 거예요. 간단하고 맛있는 레시피에, 당신이 좋아하는 달콤한 간식들도 가득 넣었어요. 게다가 설거지도 최소한이랍니다. 항상 멋진 아내이자 엄마, 그리고 우리 가족에게 영감을 주는 존재가 되어줘서 고마워요.

# CONTENTS

인사말 ........................................... 6
도구 .............................................. 9
프라이팬을 이용한 파스타 ......... 10
채식의 기쁨 ................................. 42
치킨 즐기기 ................................. 78
달걀의 즐거움 ............................ 112
버거 & 토스트 ............................ 134
환상적인 생선 ............................ 154
육류의 진가 ................................ 194
만능 요리 ................................... 236
푸딩 & 케이크 ............................ 258
재료 모으기 ................................ 292
제이미 영양 담당 팀의 메시지 .... 294
CONTENTS .................................. 298

# ONE *love*

가슴이 뜁니다. 많은 사람들에게 요리는 여러 가지 의미를 지니고, 또 아주 멋진 작업이기도 합니다. 하지만 요리가 매일 반복되는 스트레스가 된다면 역시 간편함이 가장 중요하겠죠. 저는 이 책이 최소한의 설거지에 집중하는 책이라고 생각합니다. 간편한 설거지는 예술의 영역이나 다름없죠. 이 책의 모든 레시피는 냄비 하나, 혹은 트레이 하나로 가능해요.

이 책은 삶을 더 간단하고, 더 쉽게 만들고자 노력하는 분들에 대한 경의의 표현입니다. 삶을 더 간단하게 만드는 방법이죠. 맛에 대해서는 타협하지 않으면서도 좋은 음식을 식탁에 올리기 위해 고민하는 분들을 위한 것이기도 하죠. 주중이든 주말이든 연중 어느 때나 스트레스 없이 멋진 요리와 맛있는 음식을 즐기고 싶다면 이 책이 여러분을 도울 겁니다.

누구나 좋아할 수 있는 요리와 대중적인 재료, 그리고 요리의 순서와 원칙에 초점을 맞춰보니, 이 모든 것이 '하나의 팬'으로 만났습니다(이 말은 꼭 해야겠네요. 결과물을 보고 정말 행복했어요). 완전히 새로운 관점이에요. 프라이팬 파스타 챕터 같은 새로운 스타일의 요리들도 있습니다. 정말 오랜 시간 동안 바로 제 눈앞에 있었는데 그 어마어마한 가능성을 깨닫지 못하고 있었던 겁니다. 준비 과정만 거치면 가스레인지나 오븐이 모든 걸 알아서 해주는 아주 간편한 레시피들에 약간의 놀라운 변화를 주기도 했습니다.

레시피를 개발하고, 테스트하고, 글로 옮기면서 제가 가장 중점을 두는 부분은 '맛'과 '간편함'(이 책은 특히나 더요!)입니다. 제가 여러분들을 위해 최선을 다하고 있다고 자신 있게 말할 수 있도록 그 외에 다른 수많은 팁도 함께 넣었습니다. 이 책에 수록한 레시피의 절반은 저렴한 가격으로 만들 수 있습니다. 재료 대부분도 일반 슈퍼마켓에서 손쉽게 구할 수 있죠. 건강 측면에서는 레시피의 70%가 '일상식'으로 분류되어 있습니다. 주말이건 평일이건 상관없이 마음껏 즐기셔도 돼요(레시피 분류 방식은 jamieolivergroup.com/food-ethos에서 확인하세요). 육식을 즐기는 분들을 위해서 육류의 훌륭한 부위들을 즐기는 방법과 요리하는 방법을 적극적으로 소개하고 있습니다. 더불어 과일과 채소, 생선을 재료로 하는 아주 매력적인 요리들도 많아요. 수많은 레시피와 아이디어를 열린 마음으로 요리에 활용해주길 바랍니다.

이 책에 수록한 레시피의 65%는 육류를 사용하지 않거나 육류의 비중을 줄인 요리입니다. 이 레시피들을 통해 야채나 생선 중심의 요리가 얼마나 화려하고, 쾌활하고, 편안하며, 즐거울 수 있는지 알게 될 거예요. 우리 모두가 일상생활에서 이런 다양한 음식들을 접할 수 있다면 그보다 더 좋은 게 없을 겁니다. 가능한 경우, 육류 기반인 요리에는 '채식 버전' 레시피를 포함했습니다. 여러분의 취향이 육식이든 채식이든 모두 만족하실 수 있길 바랍니다.

이 책에 소개된 요리들은 요리의 세계에 처음 발을 들여놓은 분부터 숙련된 셰프까지 모든 분들에게 도움이 될 거라고 생각합니다. 모든 레시피들이 간편함을 추구하는 데서 나왔기 때문이지요. 최소한의 재료와 최소한의 설거지, 환상적인 맛까지! 그러니 편안히 앉아 긴장을 풀고 페이지를 넘기며 영감을 얻으시길 바랍니다. 저는 여러분의 삶을 더욱 맛있게 만들어줄 유익한 책을 쓰고 싶었습니다. 이제 'ONE'이 바로 그 마법의 숫자가 되길 바랍니다.

## 장비에 대해 말해봅시다

이 책의 모든 레시피는 단 하나의 조리 도구만 사용합니다. 여러분이 준비해야 할 도구들은 프라이팬 세트, 얕은 팬과 깊은 팬으로 구성된 캐서롤용 냄비 한 세트, 오븐용 트레이 한 세트뿐입니다. 물론 도마와 좋은 칼도 거의 모든 레시피에서 사용하는 필수품이죠. 음식 준비 과정에 대해서도 고민을 많이 했습니다. 그래서 재료를 손질할 때 필요한 장비를 최소화했어요. 삶을 더 심플하게 만들고 싶다면 채칼, 강판, 절구 등을 구비해두세요. 식감을 살리고 풍미를 높이는 데 환상적인 도구들입니다. 블렌더와 푸드 프로세서는 시간이 늘 부족한 분들에게 구세주가 되어 줄 겁니다!

## 팬트리

저는 여러분의 찬장에 이미 이 다섯 가지 필수품이 있다고 가정할 겁니다. 이 재료들은 책 전체에 걸쳐 자주 등장할 거예요. 그래서 개별 재료 목록에는 포함하지 않았습니다. 올리브오일(요리용), 엑스트라 버진 올리브오일(드레싱과 요리 마무리용), 레드와인 식초(양념, 소스 및 드레싱의 산도와 균형을 맞추는 데 탁월), 그리고 간을 맞출 소금과 후추는 꼭 준비하세요.

재료 하나만 바꿔도 요리가 완전히 달라집니다.

생면 라자냐 시트를 사용하면 단 몇 분 만에

맛있는 요리를 만들어 낼 수 있습니다.

# 프라이팬을 이용한 파스타

프라이팬

## 훈제 연어 파스타 SMOKED SALMON PASTA

시금치, 대파, 레몬, 커드 & 파르메산

1인분 | 총 8분

생 라자냐 시트 125g  
대파 2개  
시금치 80g  
훈제 연어 2조각(60g)  

레몬 1/2개  
파르메산 치즈 5g  
코티지치즈 1큰술  

주전자에 물을 끓여주세요. 라자냐 시트를 세로로 반 자른 다음, 2cm 길이로 잘라줍니다. 만약에 물결 모양 칼(웨이브 커터)이 있다면 그걸 사용하세요. 대파를 다듬고, 시금치와 연어 반쪽과 함께 잘게 다져주세요. 레몬 제스트를 곱게 갈고 파르메산 치즈도 갈아주세요. 이 둘은 따로따로 보관해 놓읍시다. 이제 28cm 프라이팬을 센불에 올릴 차례입니다.

팬이 뜨거워지면 올리브오일을 살짝 뿌린 후 대파, 시금치, 다진 연어, 레몬 제스트를 넣어주세요. 파스타를 팬에 고루 뿌린 다음 면이 충분히 잠길 정도로 끓인 물을 부어주세요. 약 250㎖면 될 거예요. 파스타가 물을 대부분 흡수할 때까지 4분간 보글보글 끓이면 아주 멋진 소스가 완성됩니다. 중간중간 저어주고 필요한 경우 물을 더 부어 소스를 잘 풀어주세요. 이제 불을 끄고, 레몬즙을 짜서 넣어준 후 코티지치즈와 파르메산 치즈를 넣고 잘 섞어주세요. 간은 취향에 따라 맞춰주면 됩니다. 남은 연어를 예쁘게 찢어서 넣고, 원한다면 엑스트라 버진 올리브오일을 살짝 둘러 마무리해주세요.

| 열량 | 지방 | 포화지방 | 단백질 | 탄수화물 | 당류 | 나트륨 | 식이섬유 |
|---|---|---|---|---|---|---|---|
| 431kcal | 14.8g | 4g | 29.5g | 43.6g | 4.6g | 1.7g | 3.1g |

> 프라이팬

## 발사믹 페퍼 파스타 BALSAMIC PEPPER PASTA

마늘, 홍고추, 파르메산, 바질 & 진한 토마토 소스

1인분  |  총 15분

생 라자냐 시트 125g

마늘 1쪽

홍고추 1/2개

바질 1줄기

구운 파프리카 큰 병조림 2개

파르메산 치즈 10g

파사타(토마토 소스) 200ml

진한 발사믹 식초

주전자에 물을 끓여주세요. 롱 파스타인 탈리아텔레를 만들기 위해 라자냐 시트를 1cm 너비로 길게 자릅니다. 마늘을 깐 다음 고추, 바질 줄기와 함께 잘게 썰어주세요. 이때 바질 잎은 따로 남겨두세요. 파프리카는 물기를 제거한 후, 파스타와 같은 크기로 썰어주면 됩니다. 파르메산 치즈도 곱게 갈아주세요. 이제 28cm 프라이팬을 센불에 올릴 차례입니다.

팬이 뜨거워지면 올리브오일을 살짝 두르고 잘게 썬 마늘, 고추, 바질 줄기를 넣어주세요. 마늘이 살짝 노릇해지면 파프리카를 넣고 1분간 저어준 다음 파사타 소스를 붓습니다. 파스타를 팬에 고루 뿌린 다음, 끓인 물(300㎖) 정도를 면이 충분히 잠길 정도로 부어주세요. 파스타가 물을 대부분 흡수할 때까지 4분간 보글보글 끓이면 아주 진하고 멋진 소스가 되죠. 필요하면 중간중간 소스를 젓다가 물을 추가로 부어 풀어주세요. 이제 불을 끈 후, 바질 잎을 찢어 넣습니다. 파르메산 치즈를 넣어 잘 섞어주고 발사믹 식초를 뿌려주세요. 취향에 따라 간을 맞춘 후에 원한다면 엑스트라 버진 올리브오일을 살짝 둘러 마무리해도 좋아요.

| 열량 | 지방 | 포화지방 | 단백질 | 탄수화물 | 당류 | 나트륨 | 식이섬유 |
|---|---|---|---|---|---|---|---|
| 421kcal | 10.6g | 3.4g | 15.8g | 62.2g | 21.4g | 0.4g | 6g |

> 프라이팬

## 버섯 까르보나라 MUSHROOM CARBONARA

훈제 베이컨, 로즈마리, 달걀, 파르메산 & 후추

1인분  |  총 12분

생 라자냐 시트 125g  
훈제 베이컨 2줄  
양송이버섯 80g  

로즈마리 2줄기  
파르메산 치즈 15g  
달걀 1개  

주전자에 물을 끓여주세요. 라자냐 시트를 0.5cm 너비로 길게 자릅니다. 베이컨을 잘게 썬 후, 버섯도 잘게 썰어줍니다. 이 둘은 섞지 말고 따로 두세요. 그다음 로즈마리 잎을 따서 잘게 썰어주세요. 작은 볼을 꺼내 파르메산 치즈를 곱게 갈아 넣은 다음 달걀을 풀어 잘 섞어줍니다. 그리고 28cm 프라이팬을 센불에 올리면 준비 끝입니다.

팬이 뜨거워지면 올리브오일을 두른 후 베이컨, 로즈마리를 넣고 후추는 넉넉히 한 꼬집 추가해 주세요. 재료가 살짝 노릇해지면 버섯도 넣어줍니다. 중간중간 저어가며 2분간 끓인 후 파스타를 팬에 고루 뿌려주세요. 끓인 물을 파스타가 충분히 잠길 만큼 조심스럽게 부어줍니다. 300㎖ 정도면 됩니다. 파스타가 물을 대부분 흡수할 때까지 4분간 보글보글 끓입니다. 중간중간 저어주는 것도 잊지 마세요. 이제 불을 끄고 30초간 그대로 두었다가 파르메산 치즈와 아까 준비해 둔 달걀물을 넣고 힘차게 흔들어 섞어줍니다. 완전히 풀어져 부드러운 소스가 될 때까지요. 이때 불을 꼭 꺼둬야 달걀이 스크램블에그로 변하지 않습니다. 또 부드러운 소스를 위해 계속해서 팬을 움직여 주는 것도 잊지 마세요. 취향에 따라 간을 맞추고, 원한다면 엑스트라 버진 올리브오일과 곱게 간 파르메산 치즈를 추가해도 좋아요.

### 채식 버전

베이컨 대신 여러분이 평소 즐겨 사용하는 버섯을 섞어서 만들면 됩니다.

| 열량 | 지방 | 포화지방 | 단백질 | 탄수화물 | 당류 | 나트륨 | 식이섬유 |
|---|---|---|---|---|---|---|---|
| 448kcal | 20.8g | 6.9g | 23.8g | 40.4g | 1.3g | 1.1g | 3.9g |

> 프라이팬

## 스트라치 프리마베라 STRACCI PRIMAVERA

완두콩, 아스파라거스, 풋콩, 민트 & 페타

1인분 | 총 10분

생 라자냐 시트 125g

마늘 1쪽

두꺼운 아스파라거스 줄기 3개 (80g)

민트 1줄기

파르메산 치즈 10g

냉동 완두콩 40g

냉동 풋콩 40g

페타 치즈 10g

주전자에 물을 끓여주세요. 라자냐 시트를 약 5cm씩 마구 잘라주세요. 스트라치(헝겊 조각 모양의 파스타 면)를 만들 겁니다. 마늘은 껍질을 벗기고 편으로 썰어주세요. 아스파라거스의 단단한 밑동을 잘라낸 다음, 줄기는 가늘게 썰고 봉오리 부분은 따로 남겨주세요. 민트는 잎을 따줍니다. 파르메산 치즈를 곱게 갈아둔 뒤, 28cm 프라이팬을 센불에 올리면 준비 끝입니다.

팬이 뜨거워지면 올리브오일을 두른 후 마늘과 아스파라거스를 넣어주세요. 마늘이 살짝 노릇해지면 냉동 풋콩과 완두콩을 넣고 파스타와 민트 잎을 팬에 고루 뿌립니다. 파스타가 충분히 잠길 만큼 끓는 물을 부어주세요. 300㎖ 정도면 됩니다. 파스타가 물을 대부분 흡수할 때까지 4분간 보글보글 끓여주세요. 중간중간 저어주고 필요한 경우 물을 추가로 부어 풀어주면서 간편한 소스를 완성합니다. 이제 불을 끄고, 페타 치즈를 으깨어 넣고 파르메산 치즈도 섞어준 다음 취향에 따라 간을 맞춥니다. 원한다면 엑스트라 버진 올리브오일을 살짝 둘러 마무리해도 좋아요.

### 재료 꿀팁

저는 콩깍지가 있는 일반 잠두콩 대신 냉동 풋콩을 사용했어요. 껍질을 따로 벗길 필요가 없어서 편리하고 맛있거든요.

| 열량 | 지방 | 포화지방 | 단백질 | 탄수화물 | 당류 | 나트륨 | 식이섬유 |
|---|---|---|---|---|---|---|---|
| 432kcal | 14.7g | 4.9g | 23.2g | 52.9g | 3.8g | 0.4g | 8.5g |

프라이팬

## 소시지 파파르델레 SAUSAGE PAPPARDELLE

펜넬 씨앗, 키안티 와인, 마늘, 토마토 & 파슬리

1인분 | 총 14분

생 라자냐 시트 125g

마늘 1쪽

이탈리안 파슬리(15g) 1/2단

돼지고기 또는 비건 생소시지 1개

펜넬 씨앗 1작은술

키안티 또는 기타 이탈리아 레드와인 1잔

파사타(토마토 소스) 200ml

파르메산 치즈 (그레이터 사용)

주전자에 물을 끓여주세요. 라자냐 시트를 3cm 너비로 길게 잘라 파파르델레를 만들어 줍니다. 마늘은 껍질을 벗기고 편으로 썰어주세요. 파슬리는 잎이 무성한 위쪽을 잘게 썬 다음, 줄기도 썰어주세요. 잎과 줄기는 섞지 말고 따로 둡니다. 그다음 28cm 프라이팬을 센불에 올리면 준비 끝입니다.

팬이 뜨거워지면 올리브오일을 두릅니다. 껍질에서 소시지 고기를 짜내어 팬에 넣고 숟가락으로 잘게 부숴주세요(비건 소시지를 사용한다면 썰어 넣어도 됩니다). 2분간 잘 섞어주며 볶은 후에 마늘, 파슬리 줄기, 펜넬 씨앗을 넣습니다. 재료가 살짝 노릇해지면 레드와인을 추가해 익혀주세요. 이제 파사타 소스를 넣고 파스타도 팬에 고루 뿌려줍니다. 그리고 끓인 물을 파스타가 잠길 정도로 충분히, 조심스럽게 부어주세요. 300㎖ 정도면 될 거예요. 파스타가 물을 대부분 흡수할 때까지 4분간 보글보글 끓입니다. 중간중간 저어주고, 물을 추가로 부어 풀어주면서 아주 진하고 맛있는 소스를 만들어 주세요. 이제 불을 끄고, 썰어둔 파슬리 잎을 넣고 저어준 다음 취향에 따라 간을 맞춥니다. 원한다면 파르메산 치즈를 갈아서 넣고 엑스트라 버진 올리브오일을 살짝 둘러 마무리해도 좋아요.

| 열량 | 지방 | 포화지방 | 단백질 | 탄수화물 | 당류 | 나트륨 | 식이섬유 |
|---|---|---|---|---|---|---|---|
| 464kcal | 13.8g | 4.1g | 20.1g | 55.4g | 11g | 1.1g | 5g |

> 프라이팬

## 갈릭 머쉬룸 탈리아텔레 GARLIC MUSHROOM TAGLIATELLE

**타임, 으깬 호두, 아루굴라, 커드 & 파르메산**

1인분 | 총 8분

생 라자냐 시트 125g

느타리버섯 80g

마늘 1쪽

파르메산 치즈 10g

타임 2줄기

무염 호두 반쪽 4개

코티지치즈 수북이 1큰술

아루굴라 한 줌

주전자에 물을 끓여주세요. 라자냐 시트를 1cm 너비로 길게 잘라 탈리아텔레를 만들어줍니다. 28cm 프라이팬을 센불에 올리고 버섯이 뜨거워질 때까지 건조한 상태로 볶아주세요. 마늘은 껍질을 벗겨 잘게 썰고, 파르메산 치즈는 곱게 갈아줍니다.

버섯이 살짝 그을리면 팬에 올리브오일을 두른 후 마늘을 넣어주세요. 타임 잎을 뿌리고 호두도 잘게 으깨서 넣습니다. 마늘이 살짝 노릇해지면 파스타를 팬에 고루 뿌려주세요. 파스타가 충분히 잠길 만큼, 끓인 물을 300㎖ 정도 부어줍니다. 파스타가 물을 대부분 흡수할 때까지 4분간 보글보글 끓여주세요. 필요한 경우 중간중간 저어주고, 물을 추가로 부어 풀면서 맛있는 소스를 완성합니다. 파르메산 치즈, 코티지치즈, 아루굴라를 넣고 잘 섞어주세요. 계속 잘 젓는 게 중요합니다. 취향에 따라 간을 맞춘 후에 원한다면 엑스트라 버진 올리브오일을 살짝 둘러 마무리해도 좋아요.

| 열량 | 지방 | 포화지방 | 단백질 | 탄수화물 | 당류 | 나트륨 | 식이섬유 |
|---|---|---|---|---|---|---|---|
| 532kcal | 30.2g | 6g | 20.5g | 43.4g | 2.8g | 0.3g | 4.6g |

> 프라이팬

## 달콤한 파프리카 페스토 파스타 SWEET PEPPER PESTO PASTA
마늘, 파르메산, 오레가노 & 으깬 훈제 아몬드

1인분 | 총 13분

생 라자냐 시트 125g

마늘 2쪽

훈제 아몬드 10g

말린 오레가노 1작은술

구운 파프리카 병조림(460g) 1/2병

파르메산 치즈 10g

주전자에 물을 끓여주세요. 라자냐 시트를 반으로 길게 잘라 라자냐네티를 만듭니다. 28cm 프라이팬을 센불에 올려주세요. 마늘은 껍질을 벗긴 후 곱게 다져 도마 위에 올려주세요. 그다음 아몬드, 오레가노도 함께 올립니다. 파프리카는 물기를 제거한 후에 올려주세요. 이제 이 위에 파르메산 치즈를 잘 갈아 덮어줍니다.

달군 팬에 끓는 물 300㎖를 조심스럽게 붓고 파스타 시트를 뭉치지 않게 넣습니다. 소금도 한 꼬집 넣어줍니다. 3분간 파스타를 익혀주세요. 그동안 도마 위에 있는 모든 재료를 잘게 다져 간편한 방식으로 페스토를 만듭니다. 취향에 따라 간을 잘 맞춘 후에 페스토를 팬에 넣어주세요. 페스토가 졸아들어 묽은 소스가 될 때까지 저어주며 2분 더 보글보글 끓여줍니다. 원한다면 엑스트라 버진 올리브오일을 살짝 뿌려 마무리합니다.

### 재료 꿀팁
훈제 아몬드는 풍미를 더해주는 환상적인 치트키로 대형 마트에서 찾을 수 있어요.

| 열량 | 지방 | 포화지방 | 단백질 | 탄수화물 | 당류 | 나트륨 | 식이섬유 |
|---|---|---|---|---|---|---|---|
| 410kcal | 14.8g | 4.9g | 17.8g | 48.1g | 7.2g | 1.4g | 7.9g |

### 새우 탈리에리니 PRAWN TAGLIERINI

향긋한 아티초크, 마늘, 바질, 레몬 & 파르메산

1인분 | 총 12분

생 라자냐 시트 125g

오일에 절인 아티초크 하트 통조림 80g

마늘 1쪽

파르메산 치즈 10g

껍질을 벗긴 왕새우 80g

바질 1줄기

레몬 1/2개

주전자에 물을 끓여주세요. 라자냐 시트를 최대한 가늘게 세로로 잘라 탈리에리니 파스타를 만듭니다. 아티초크 하트는 얇게 썰고 마늘도 껍질을 벗겨 편으로 썰어주세요. 파르메산 치즈는 곱게 갈아줍니다. 이제 28cm 프라이팬을 센불에 올리면 준비 끝입니다.

팬이 뜨거워지면 아티초크 병에 들어 있는 오일을 살짝 두르고, 얇게 썬 아티초크와 마늘을 넣어주세요. 살짝 노릇해지면 껍질을 깐 깨끗한 왕새우를 모두 넣고, 파스타를 팬에 골고루 흩뿌려 주세요. 그리고 면이 푹 잠길 정도로 끓는 물을 충분히 부어주세요. 300㎖ 정도면 될 겁니다. 파스타가 물을 대부분 흡수할 때까지 4분간 보글보글 끓여주세요. 중간중간 저어주고, 필요한 경우 물을 추가로 부어 풀어주면 간편한 소스가 완성됩니다. 이제 불을 끄고 바질 잎을 찢어 넣고 레몬즙을 짜주세요. 파르메산 치즈도 넣어 잘 섞어줍니다. 취향에 따라 간을 맞춘 후에 원한다면 엑스트라 버진 올리브오일을 살짝 둘러 마무리해도 좋아요.

| 열량 | 지방 | 포화지방 | 단백질 | 탄수화물 | 당류 | 나트륨 | 식이섬유 |
|---|---|---|---|---|---|---|---|
| 485kcal | 21.7g | 4.9g | 27.1g | 43.1g | 1.4g | 1.5g | 5.1g |

프라이팬

프라이팬

## 훈제 판체타 & 콩 파스타 SMOKED PANCETTA & BEAN PASTA

볼로티 콩, 향긋한 세이지, 달콤한 토마토 & 파르메산

1인분 | 총 12분

생면 라자냐 시트 125g

마늘 1쪽

훈제 판체타 2줄

파르메산 치즈 10g

세이지 잎 4장

다양한 색깔의 방울토마토 100g

볼로티 콩 통조림(400g) 1/2통

주전자에 물을 끓여주세요. 라자냐 시트를 3cm 길이의 정사각형으로 잘라줍니다. 마늘은 껍질을 벗기고 편으로 썰어주세요. 판체타도 3cm에 맞춰 정사각형으로 자릅니다. 파르메산 치즈는 곱게 갈아주고, 28cm 프라이팬을 센불에 올리면 준비 끝입니다.

팬이 뜨거워지면 올리브오일을 두르고 마늘, 판체타, 세이지를 넣습니다. 방울토마토를 반으로 잘라두었다가 마늘이 살짝 노릇해지면 바로 넣어주세요. 후추 한 꼬집을 추가하고, 볼로티 콩과 함께 통조림에 들어 있던 액체도 조금 넣습니다. 파스타를 팬에 골고루 흩뿌린 다음 면이 잠길 정도로 끓인 물을 충분히 부어주세요. 300㎖ 정도면 될 겁니다. 파스타가 물을 대부분 흡수할 때까지 4분간 보글보글 끓여주세요. 중간중간 저어주고, 필요한 경우 물을 추가로 부어 풀어주면 맛있는 소스가 완성됩니다. 이제 불을 끄고, 파르메산 치즈를 넣어 섞은 뒤 취향에 따라 간을 맞춥니다. 원한다면 엑스트라 버진 올리브오일을 살짝 둘러 마무리해도 좋아요.

| 열량 | 지방 | 포화지방 | 단백질 | 탄수화물 | 당류 | 나트륨 | 식이섬유 |
|---|---|---|---|---|---|---|---|
| 445kcal | 12.9g | 4.2g | 22.8g | 58.1g | 4.7g | 0.6g | 11.6g |

프라이팬

## 브로콜리 & 앤초비 파스타 BROCCOLI & ANCHOVY PASTA

레몬, 파르메산, 얇게 저민 아몬드 & 고추 조금

1인분 | 총 15분

생 라자냐 시트 125g

아몬드 슬라이스 10g

마늘 1쪽

브로콜리니 80g

파르메산 치즈 10g

오일에 절인 앤초비 필레 2조각

칠리 플레이크 한 꼬집

레몬 1/4개

주전자에 물을 끓여주세요. 라자냐 시트를 삼각형 모양으로 잘라 파스타를 만듭니다. 28cm 프라이팬을 센불에 올리고 아몬드를 볶아주세요. 아몬드가 노릇해지면 팬에서 빼내 다른 곳에 옮겨줍니다. 마늘은 껍질을 벗기고 편으로 썰어주세요. 브로콜리니의 질긴 밑동은 잘라내고 남은 줄기는 가늘게 썰어줍니다. 이때 줄기의 끝부분은 통째로 남겨주세요. 파르메산 치즈도 곱게 갈아줍니다.

이제 앤초비 통조림에 남은 기름을 달군 팬에 두를 겁니다. 그리고 마늘, 브로콜리, 칠리 플레이크, 앤초비를 모두 넣어주세요. 레몬 제스트를 곱게 두어 번 갈아 넣고, 마늘이 살짝 노릇해지면 파스타를 팬에 흩뿌려 줍니다. 그런 다음 파스타가 푹 잠길 정도로 끓인 물을 충분히 부어주세요. 300㎖ 정도면 될 겁니다. 파스타가 물을 대부분 흡수할 때까지 4분간 보글보글 끓여주세요. 중간중간 저어주고, 필요한 경우 물을 추가로 부어 풀어주면서 간편한 소스를 완성합니다. 이제 불을 끄고 레몬즙을 짜서 넣어주세요. 파르메산 치즈도 넣어 섞고, 취향에 따라 간을 맞춥니다. 마지막으로 미리 구워둔 아몬드를 뿌려줍니다. 기호에 따라 칠리 플레이크를 더 넣거나 엑스트라 버진 올리브 오일을 살짝 둘러 마무리해도 좋아요.

| 열량 | 지방 | 포화지방 | 단백질 | 탄수화물 | 당류 | 나트륨 | 식이섬유 |
|---|---|---|---|---|---|---|---|
| 457kcal | 20.8g | 4.8g | 21.7g | 45.1g | 3.8g | 1.2g | 5.8g |

프라이팬

## 홍합 파지올리 파스타 MUSSEL FAGIOLI PASTA

부드러운 콩, 달콤한 토마토, 마늘, 파슬리 & 페코리노 치즈

1인분 | 총 13분

생면 라자냐 시트 125g

손질한 홍합 300g

마늘 2쪽

이탈리안 파슬리(15g) 1/2단

방울토마토 100g

페코리노 치즈 10g

칠리 플레이크 한 꼬집

흰콩 통조림(400g) 1/2통

주전자에 물을 끓여주세요. 라자냐 시트를 1cm 너비로 길게 잘라 탈리아텔레 파스타를 만들어 줍니다. 손질한 홍합 중에 입을 벌린 게 있다면 두드려 보세요. 만약 껍데기가 닫히지 않는다면 상한 것이니 과감히 버립니다. 마늘은 껍질을 벗겨 편으로 썰어주세요. 파슬리는 잎의 무성한 윗부분을 잘게 썰어준 다음, 줄기도 썰어주세요. 이 둘은 섞지 말고 따로 둡니다. 방울토마토는 반으로 잘라 준비하세요. 이제 페코리노 치즈를 곱게 갈아두고, 28cm 프라이팬을 센불에 올리면 준비 끝입니다.

팬이 뜨거워지면 이제 재료를 볶을 차례인데, 조금 빨리 움직여야 합니다. 올리브오일을 두르고 마늘, 파슬리 줄기, 칠리 플레이크, 홍합, 방울토마토를 넣고 재빨리 볶습니다. 콩과 통조림에 있던 국물 모두 팬에 부어주세요. 파스타를 팬에 골고루 흩뿌린 다음, 끓인 물을 면이 잠길 만큼 충분히 부어주세요. 300㎖ 정도면 될 겁니다. 이제 뚜껑을 덮고 중간중간 팬을 흔들어 내용물을 섞어주면서 4분간 기다리세요. 보글보글 기포가 생기면서 홍합이 막 입을 열기 시작할 겁니다. 이때 껍데기가 열리지 않는 홍합은 상한 것이니 골라서 버려주세요. 이제 불을 끄고 페코리노 치즈를 넣어 섞어준 다음 취향에 따라 간을 맞춰주세요. 썰어둔 파슬리 잎을 뿌린 후 취향에 따라 엑스트라 버진 올리브오일을 살짝 둘러 마무리해도 좋아요.

| 열량 | 지방 | 포화지방 | 단백질 | 탄수화물 | 당류 | 나트륨 | 식이섬유 |
|---|---|---|---|---|---|---|---|
| 535kcal | 13.2g | 3.8g | 35.2g | 68.2g | 5.6g | 1.2g | 11.9g |

프라이팬

## 스쿼시 & 병아리콩 파스타 SQUASH & CHICKPEA PASTA

고추, 레드 레스터 치즈, 로즈마리 & 시나몬 조금

1인분 | 총 14분

생 라자냐 시트 125g

마늘 1쪽

땅콩호박 80g

레드 레스터 치즈 10g

시나몬 스틱 2cm

홍고추 1/2개

로즈마리 1줄기

병아리콩 병조림 또는 통조림 80g

주전자에 물을 끓여주세요. 라자냐 시트를 세로로 4등분하여 파스타를 만듭니다. 마늘은 껍질을 벗겨 편으로 썰고 땅콩호박은 그레이터를 이용해 길고 굵게 채를 썰어주세요. 레드 레스터 치즈도 갈아두고, 28cm 프라이팬을 센불에 올리면 준비 끝입니다.

팬이 뜨거워지면 올리브오일을 두르고 마늘 편과 시나몬, 홍고추를 넣습니다. 시나몬과 홍고추는 자르거나 부수지 않고 통째로 넣어요. 로즈마리 잎을 톡톡 떼어서 팬에 던져넣고, 마늘이 살짝 노릇해지면 땅콩호박과 병아리콩을 추가합니다. 파스타를 팬에 골고루 흩뿌린 다음, 면이 잠길 정도로 충분한 양의 끓는 물을 조심스럽게 부어주세요. 300㎖ 정도면 될 겁니다. 파스타가 물을 대부분 흡수할 때까지 4분간 보글보글 끓여주세요. 중간중간 저어주고, 필요한 경우 물을 추가로 부어 풀어주면 맛있는 소스가 완성됩니다. 불을 끄고 팬에서 시나몬과 홍고추를 골라냅니다(홍고추를 원하는 크기로 썰어 넣고 다시 섞으면 더 매콤한 맛을 낼 수 있습니다). 미리 갈아둔 레드 레스터 치즈를 넣고 잘 섞은 다음 취향에 따라 간을 맞춰주세요. 원한다면 치즈를 더 넣어도 좋고, 엑스트라 버진 올리브오일을 살짝 둘러 마무리해도 좋아요.

### 요리 업그레이드

더 크고 통통하며 부드러운 병아리콩을 사용하면 한 단계 업그레이드된 요리를 맛볼 수 있습니다.

| 열량 | 지방 | 포화지방 | 단백질 | 탄수화물 | 당류 | 나트륨 | 식이섬유 |
|---|---|---|---|---|---|---|---|
| 417kcal | 11.7g | 3.6g | 17.2g | 60.2g | 5.5g | 0.2g | 9.4g |

프라이팬

## 참치 옥수수 탈리아텔레 TUNA SWEETCORN TAGLIATELLE

적양파, 홍고추, 파슬리, 파르메산 & 레몬즙 약간

1인분 | 총 13분

생 라자냐 시트 125g
적양파 1/2개
홍고추 1/2개
이탈리안 파슬리 2줄기

파르메산 치즈 10g
오일에 절인 참치 병조림 또는 통조림 40g
냉동 옥수수 80g
레몬 1/2개

주전자에 물을 끓여주세요. 라자냐 시트를 1cm 너비로 길게 잘라 탈리아텔레 파스타를 만들어 줍니다. 양파는 껍질을 벗긴 후에 다지고 홍고추는 잘게 썰어주세요. 파슬리는 잎이 무성한 윗부분은 크게 썰고, 남은 줄기 부분은 잘게 썰어주세요. 그리고 이 둘은 섞지 말고 따로 둡니다. 파르메산 치즈를 곱게 갈아둔 다음 28cm 프라이팬을 센불에 올리면 준비 끝입니다.

팬이 뜨거워지면 참치 병조림이나 통조림의 오일을 팬에 둘러줍니다. 양파, 홍고추, 파슬리 줄기를 넣고 1분 후에 냉동 옥수수도 넣어주세요. 양파가 살짝 노릇해지면 참치를 얇게 떼어내 팬에 넣습니다. 파슬리 잎과 함께 파스타를 팬에 골고루 흩뿌린 다음, 면이 푹 잠길 정도로 끓는 물을 부어주세요. 300㎖ 정도면 될 겁니다. 파스타가 물을 대부분 흡수할 때까지 4분간 보글보글 끓여주세요. 중간중간 저어주고, 필요한 경우 물을 추가로 부어 풀어주면 맛있는 소스가 완성됩니다. 이제 불을 끄고 파르메산 치즈를 넣어 섞은 다음, 레몬즙을 짜 넣고 취향에 따라 간을 맞춰주세요. 원한다면 엑스트라 버진 올리브오일을 살짝 둘러 마무리해도 좋아요.

| 열량 | 지방 | 포화지방 | 단백질 | 탄수화물 | 당류 | 나트륨 | 식이섬유 |
|---|---|---|---|---|---|---|---|
| 481kcal | 13.7g | 3.6g | 26.1g | 61.2g | 8.4g | 0.6g | 7.1g |

프라이팬

## 크리스마스 파스타 CHRISTMAS PASTA

껍질을 벗긴 생소시지, 세이지 & 양파, 밤 & 육두구

1인분   |   총 16분

생 라자냐 시트 125g
돼지고기 생소시지 1개
훈제 베이컨 1줄
작은 적양파 1/4개

세이지 1줄기
파르메산 치즈 15g
익힌 밤 5개
통육두구 1개 (그레이터 사용)

주전자에 물을 끓여주세요. 쿠키 틀이나 날카로운 칼을 사용하여 라자냐 시트를 재미있는 크리스마스 트리 장식 모양으로 잘라주세요. 자른 모양을 시트에서 떼어냅니다. 생소시지는 꽉 눌러 껍질에서 고기를 짜내고, 고기를 작은 공처럼 동글동글 빚어주세요. 베이컨은 잘게 썰고 양파는 껍질을 벗겨 얇게 썰어줍니다. 세이지 잎도 따서 준비하고 파르메산 치즈는 곱게 갈아두세요. 이제 28cm 프라이팬을 센불에 올리면 준비 끝입니다.

팬이 뜨거워지면 올리브오일을 두르고 소시지 볼과 베이컨을 넣어 중간중간 뒤적여 줍니다. 소시지와 베이컨이 살짝 노릇해지면 양파와 세이지를 추가하고, 밤을 잘게 부숴 넣어주세요. 2분간 재료를 섞어주며 가열합니다. 파스타를 팬에 골고루 흩뿌린 다음, 면이 잠길 정도로 끓는 물을 충분히 부어주세요. 300㎖ 정도면 될 겁니다. 파스타가 물을 대부분 흡수할 때까지 4분간 보글보글 끓여주세요. 중간중간 저어주고, 필요한 경우 물을 추가로 부어 풀어주면서 부드럽고 맛있는 소스를 완성합니다. 이제 불을 끄고 파르메산 치즈를 넣고 섞은 다음 취향에 따라 간을 맞춰 주세요. 맛을 더 내기 위해 육두구를 곱게 갈아 넣고 엑스트라 버진 올리브오일을 살짝 둘러 마무리해도 좋아요.

| 열량 | 지방 | 포화지방 | 단백질 | 탄수화물 | 당류 | 나트륨 | 식이섬유 |
|---|---|---|---|---|---|---|---|
| 526kcal | 22.3g | 8.4g | 24.6g | 57.8g | 6.2g | 1.4g | 3.9g |

훌륭한 채소와 약간의 상상력만 있다면

놀랍도록 맛있고 생동감 넘치는 요리를 만드는 데

큰 즐거움을 느낄 수 있을 겁니다. 믿으세요.

채식의 기쁨

프라이팬

## 달콤한 토마토 뇨키 SWEET TOMATO GNOCCHI

신선한 시금치 & 헤이즐넛 페스토, 아스파라거스 & 올리브

2인분(남은 페스토 포함 시)  |  총 18분

| | |
|---|---|
| 마늘 2쪽 | 파르메산 치즈 20g |
| 감자 뇨키 400g | 토마토 홀 통조림(400g) 1통 |
| 데친 헤이즐넛 20g | 아스파라거스 250g |
| 여린 시금치 100g | 씨 있는 블랙 올리브 4개 |

코팅된 30cm 프라이팬을 중간보다 조금 센불에 올려주세요. 마늘은 껍질을 벗기고 편으로 썰어 줍니다. 이제 팬에 올리브오일을 두르고 마늘 편 대부분과 뇨키를 넣어 5분 동안 익혀주세요. 그동안 절구와 방망이를 이용해 페스토를 만들 겁니다. 페스토를 만드는 동안 중간중간 팬을 뒤적여 주는 것도 잊지 마세요! 남은 마늘과 데쳐서 껍질을 벗긴 헤이즐넛을 절구에 넣어 빻고, 시금치도 빻아주세요(필요하다면 한꺼번에 빻아도 괜찮습니다). 엑스트라 버진 올리브오일을 절구에 약간 뿌려 재료를 걸쭉하게 만든 후 파르메산 치즈 대부분을 곱게 갈아 넣어주세요. 취향에 따라 간을 맞추면 페스토 완성입니다.

다음으로 통조림에 든 토마토를 손으로 으깨 팬에 넣고 반 캔 분량의 물을 추가해 주세요. 소스가 걸쭉해질 때까지 몇 분간 보글보글 끓인 후 취향에 따라 간을 맞춥니다. 이제 아스파라거스를 손질할 차례입니다. 아스파라거스는 단단한 밑동을 잘라내고 줄기만 소스 가운데에 예쁘게 놓아두세요. 이제 뚜껑을 덮고 5분간 찌면 돼요. 중간중간 팬을 흔들어 주는 걸 잊지 마세요. 기다리는 동안 올리브를 으깨서 씨앗을 제거해 줍니다. 완성한 요리를 내갈 때는 뇨키와 아스파라거스 위에 페스토 한 덩이와 올리브를 찢어 올리고 남은 파르메산 치즈도 곱게 갈아주세요!

| 열량 | 지방 | 포화지방 | 단백질 | 탄수화물 | 당류 | 나트륨 | 식이섬유 |
|---|---|---|---|---|---|---|---|
| 470kcal | 8.5g | 1.8g | 14.7g | 83.1g | 11.1g | 1.6g | 5.2g |

로스팅 트레이

## 구운 버섯 샐러드 ROASTED MUSHROOM SALAD

달콤한 배, 쌀, 샐러드 잎, 블루 치즈, 레몬 & 호두

4인분  |  총 48분

| | |
|---|---|
| 작은 포토벨로 버섯(갈색 양송이) 8개 | 레몬 1개 |
| 배 2개 | 래디시(적환무) 80g |
| 블루치즈 80g | 즉석밥(250g) 2개 |
| 무염 호두 반쪽 2큰술 | 샐러드(물냉이, 시금치, 아루굴라 혼합) 80g |

오븐을 180°C로 예열해 두고 시작합니다. 우선 포토벨로 버섯의 껍질을 벗겨주세요. 벗긴 껍질은 버리지 말고 따로 보관하고, 버섯은 큰 오븐용 트레이에 놓습니다. 배도 4등분하여 씨앗을 제거한 후 트레이에 넣습니다. 올리브오일과 레드와인 식초를 1큰술씩 바른 다음 소금과 후추로 간을 맞춥니다. 버섯은 대가 위로 오게끔 뒤집어 준 후 30분간 오븐에 굽습니다. 블루치즈와 호두를 부숴 오븐용 트레이에 뿌린 후 10분 더 구워줍니다.

그동안 볼 안에 그레이터로 레몬 껍질을 곱게 갈고 레몬을 꽉 짜서 즙을 내주세요. 래디시는 얇게 썰어서 넣습니다. 소금 한 꼬집을 넣고 재료들을 잘 버무려 빠르게 절여 주세요. 밥은 포장지에 쓰인 대로 전자레인지에 데운 다음 접시에 옮겨 담습니다. 이제 따로 두었던 버섯 껍질과 샐러드 잎을 함께 잘게 다져 버무려둔 재료와 밥과 잘 섞습니다. 취향에 따라 간을 맞춰주세요. 맛있게 구워진 버섯과 배를 서빙용 접시에 옮기고 오븐용 트레이에 남은 즙도 숟가락으로 떠서 얹어줍니다. 원한다면 엑스트라 버진 올리브오일을 살짝 둘러 마무리해도 좋아요.

| 열량 | 지방 | 포화지방 | 단백질 | 탄수화물 | 당류 | 나트륨 | 식이섬유 |
|---|---|---|---|---|---|---|---|
| 399kcal | 16.4g | 5.7g | 13.2g | 53g | 8.9g | 1.5g | 5.3g |

캐서롤 팬

## 크레이지 페이빙 카넬로니 CRAZY-PAVING CANNELLONI

가지, 잣, 시금치, 토마토, 파르메산 & 모차렐라

4인분 | 총 38분

| | |
|---|---|
| 마늘 4쪽 | 시금치 250g |
| 잣 1큰술 | 말린 카넬로니 파스타 250g |
| 그릴에 구운 가지 병조림(190g) 2병 | 파르메산 치즈 25g |
| 플럼 토마토 통조림(400g) 2통 | 모차렐라 치즈볼 125g |

오븐은 200℃로 예열해 두고 시작합니다. 넓고 얕은 캐서롤 팬을 센불에 올려주세요. 마늘은 껍질을 벗기고 편으로 썰어 올리브오일 1큰술과 잣을 함께 팬에 넣습니다. 중간중간 재료를 젓다가 살짝 노릇해지면 가지를 넣고 1분간 다시 저어줍니다. 다음 플럼 토마토를 넣고, 플럼 토마토 통조림 분량으로 한 캔 반 정도의 물을 팬에 부어주세요. 시금치를 대강 잘라서 넣고 다시 저어줍니다. 5분간 보글보글 거품이 나도록 끓여 내용물을 완전히 익히세요. 불을 끄기 전에 포테이토 매셔로 내용물을 한 번 으깨고 취향에 따라 간을 맞추면 됩니다.

이제 건조 카넬로니 파스타를 팬에 조심스럽게 넣고, 밖으로 빠져나온 면은 없는지 잘 확인합니다. 파스타가 익어가면서 소스의 수분과 풍미를 빨아들일 거예요. 정말 엄청나게 맛있어질 겁니다. 팬에 파르메산 치즈를 곱게 갈고 모차렐라 치즈를 찢어 얹은 다음 예열해 둔 오븐에 넣어주세요. 내용물이 노릇해지고 보글보글 끓어오를 때까지 20분간 구워 파스타를 완전히 익힙니다. 신선한 샐러드를 곁들이면 완벽한 식사가 될 거예요.

| 열량 | 지방 | 포화지방 | 단백질 | 탄수화물 | 당류 | 나트륨 | 식이섬유 |
|---|---|---|---|---|---|---|---|
| 365kcal | 18.7g | 6.8g | 16.4g | 32g | 10.8g | 1.4g | 4.5g |

로스팅 트레이

## 달콤한 적양파 샐러드 SWEET RED ONION SALAD

민트, 쿠스쿠스, 페타, 옻나무 열매 가루, 올리브 & 헤이즐넛

4인분  |  준비 20분 / 조리 1시간

큰 적양파 3개

통마늘 1개

쿠스쿠스 파스타 1컵 (300g)

민트 1단 (30g)

씨 있는 그린 올리브 8개

데친 헤이즐넛 2큰술

옻나무 열매 가루 1작은술

* 여분 넉넉히(추가로 뿌릴 거라면 더 넉넉하게)

페타 치즈 100g

오븐은 180℃로 예열해 두고 시작합니다. 양파는 껍질을 벗기고 가운데를 잘라 반으로 쪼개주세요. 양파와 껍질을 벗기지 않은 통마늘을 오븐용 트레이에 넣고, 올리브오일과 레드와인 식초를 각각 1큰술씩 넣어 버무립니다. 소금과 후추로 간을 하고 물을 살짝 뿌린 후 양파의 단면이 위로 향하도록 놓습니다. 그리고 오븐 맨 위 선반에서 재료가 부드럽고 달콤해질 때까지 1시간 동안 구워주세요.

주전자에 물을 끓입니다. 구운 양파와 마늘을 도마로 옮기고 쿠스쿠스 파스타를 오븐용 트레이에 뿌려주세요. 이때 민트 잎을 대충 다져 함께 넣고, 예쁜 민트 잎 몇 개는 장식용으로 남겨둡니다. 뜨거운 물 2컵(600㎖)을 트레이에 부어 바닥의 끈적한 부분들을 긁어내고 그대로 10분간 두세요. 그 동안 우리는 구운 양파와 마늘을 손질할 겁니다. 마늘을 통째로 으깨서 부드러워진 과육을 껍질과 분리시켜 주세요. 양파는 링 모양으로 떼어내고, 그린 올리브에서 씨앗을 제거하고 대강 찢어주세요. 헤이즐넛도 도마에 놓고 대충 다집니다. 너무 잘게 다질 필요는 없어요. 이 모든 걸 옻나무 열매 가루에 버무려 주세요. 오븐용 트레이째 내가도 좋고 다른 그릇을 사용해도 좋습니다. 트레이나 그릇에 쿠스쿠스 파스타를 수북하게 담고 드레싱한 적양파를 올려주세요. 페타 치즈도 다져서 올리고, 장식용으로 남겨둔 민트 잎도 올려줍니다. 원한다면 남은 옻나무 열매 가루를 뿌리고 엑스트라 버진 올리브오일을 살짝 둘러 마무리해도 좋아요. 재료들을 잘 버무려서 맛있게 드시면 됩니다.

| 열량 | 지방 | 포화지방 | 단백질 | 탄수화물 | 당류 | 나트륨 | 식이섬유 |
|---|---|---|---|---|---|---|---|
| 463kcal | 14g | 4.5g | 16.2g | 72.3g | 10g | 1.3g | 6.3g |

캐서롤 팬

## 화려한 호박 수프 SUMPTUOUS SQUASH SOUP

볼로티 콩, 로즈마리, 사워도우 & 파르메산

4인분 | 총 50분

땅콩호박 1개 (1.2kg)
적양파 2개
마늘 4쪽
로즈마리 2줄기

볼로티 콩 통조림 1통(400g)
채소스톡 또는 치킨스톡 큐브 1개
두꺼운 사워도우 빵 4조각
파르메산 치즈 40g

땅콩호박을 손질한 다음 반으로 길게 잘라 씨를 모두 제거합니다. 그리고 껍질을 벗겨 2cm 크기의 주사위 모양으로 잘라주세요. 크고 얕은 캐서롤 팬을 중간 불에 올리고, 깍둑썰기한 땅콩호박과 올리브오일 1큰술을 넣고 잘 볶습니다. 그사이 양파는 껍질을 벗겨 땅콩호박과 같은 크기로 썰고, 마늘도 껍질을 벗겨 굵게 다진 후 모두 팬에 넣어주세요. 로즈마리 잎은 잘게 다진 후 팬에 넣어 잘 섞어주세요. 이때 소금과 후추로 간을 맞춥니다. 뚜껑을 덮고 10분간 익혀주세요. 가끔씩 뚜껑을 열고 젓다가 10분이 지나면 완전히 열고 5분간 더 익힙니다. 재료들이 노릇해질 때까지 중간중간 저어주세요.

통조림에 든 볼로티 콩과 액체를 모두 쏟아붓고, 채소 또는 치킨스톡을 잘게 부숴 함께 넣어주세요. 빈 통조림 캔에 물을 받아 600㎖ 정도 더 넣습니다. 재료들이 보글보글 끓기 시작하면 10분간 더 끓입니다. 땅콩호박이 부드러워지면서 아주 맛있고 걸쭉한 수프 질감이 만들어져요. 취향에 따라 간을 하고 빵을 구워줍니다. 원한다면 수프와 구운 빵에 엑스트라 버진 올리브오일을 살짝 뿌려도 좋아요. 수프를 빵 위에 옮기고 파르메산 치즈를 곱게 갈아 얹으면 완성입니다.

| 열량 | 지방 | 포화지방 | 단백질 | 탄수화물 | 당류 | 나트륨 | 식이섬유 |
|---|---|---|---|---|---|---|---|
| 348kcal | 7.5g | 2.5g | 16.1g | 56.5g | 19.8g | 1.2g | 10.4g |

캐서롤 팬

## 친구의 베이크 파스타 BUDDY'S PASTA BAKE

브로콜리, 치즈 소스 & 바삭한 마늘빵

8인분 | 총 45분

브로콜리 2개 (각 375g)  여린 시금치 100g
마늘 4쪽  체더 치즈 100g
칠리 플레이크 1작은술 반  콘킬리에 파스타 500g
저지방 우유 1.5L  마늘빵 100g

오븐을 200°C로 예열해 두고 시작합니다. 브로콜리의 질긴 밑동은 잘라내고 꽃 부분은 3cm 크기 조각으로 다듬어 따로 보관하세요. 남은 브로콜리 줄기는 대강 잘라 푸드 프로세서에 넣습니다. 마늘도 껍질을 벗겨 푸드 프로세서에 넣고 함께 잘게 다집니다. 크고 얕은 캐서롤 팬을 중간 불에 올리고 팬이 뜨거워지면 올리브오일 1큰술을 넣어주세요. 칠리 플레이크는 취향껏 추가하세요. 팬이 지글지글 끓기 시작하면 다진 브로콜리 줄기와 마늘을 넣습니다. 내용물을 잘 저어주면서 5분간 끓인 후, 저지방 우유 1ℓ를 팬에 붓습니다. 남은 우유(500㎖)와 시금치, 잘게 부순 체더 치즈는 푸드 프로세서에 넣고 갈아주세요(건강한 요리보다 맛있는 요리를 원한다면 치즈를 더 넣어도 좋아요). 내용물이 부드러워질 때까지 블렌딩한 후 팬에 붓고 보글보글 끓여주세요. 취향에 따라 간을 맞춥니다. 미리 손질해 둔 브로콜리 꽃 부분과 조개 모양의 콘킬리에 파스타를 팬에 넣고 5분간 끓이면서 중간중간 저어줍니다.

마늘빵을 푸드 프로세서에 넣어 부스러기가 될 때까지 다집니다(푸드 프로세서는 씻지 말고 그대로 쓰세요). 파스타 위에 빵 부스러기를 골고루 뿌린 후 오븐에 넣어주세요. 재료가 노릇해지고 보글보글 끓을 때까지 15분간 굽습니다. 신선한 그린 샐러드를 곁들이면 더 맛있게 즐길 수 있어요.

### 제철 식재료 추천

브로콜리를 방울양배추로 바꿔도 좋습니다. 재료 절반은 소스에 넣고 나머지는 1/4 크기로 잘라 파스타에 넣으면 돼요. 카망베르, 염소 치즈와 같은 크리스마스 치즈보드에 올리는 치즈를 쓰는 것도 좋고, 바삭한 마늘빵 조각에 밤을 살짝 부숴 올리는 것도 추천합니다.

| 열량 | 지방 | 포화지방 | 단백질 | 탄수화물 | 당류 | 나트륨 | 식이섬유 |
|---|---|---|---|---|---|---|---|
| 392kcal | 12.1g | 6.2g | 22.5g | 65.4g | 12.5g | 0.6g | 4g |

프라이팬

## 자이언트 머쉬룸 번 GIANT MUSHROOM BUN

코코넛, 고수, 대파 & 라임 디핑 소스

2인분 | 총 22분

여러 가지 버섯 400g

팽창제 혼합 밀가루 300g

망고 처트니 2큰술

천연 요거트 2큰술

말린 코코넛 2큰술

라임 2개

고수 1단 (30g)

대파 2개

코팅된 28cm 프라이팬을 중간보다 센불에 올립니다. 버섯을 손질하고 큰 버섯은 대강 찢어주세요. 달군 팬에 손질한 버섯, 올리브오일 약간, 물 50㎖를 넣어주세요. 뚜껑을 덮고 5분간 찝니다. 그동안 큰 볼을 꺼내 밀가루, 소금 한 꼬집, 물 200㎖를 섞어 반죽을 만들어 주세요. 2~3분간 반죽한 다음 프라이팬 크기에 맞게 밀대로 밀어 준비해 두면 됩니다.

팬의 뚜껑을 열고 망고 처트니를 넣습니다. 서로 겹치지 않도록 버섯을 잘 흔들어 한 층으로 만든 다음 반죽을 그 위에 올려주세요. 반죽 가장자리는 조심스럽게 팬 안쪽으로 밀어 넣어줍니다. 뚜껑을 덮고 중간 불에서 5분 정도 끓이면 반죽이 부풀어 올라 완전히 익을 겁니다. 반죽이 익는 동안 디핑 소스를 만들어 봅시다. 요거트, 말린 코코넛(절반 정도), 라임 1개의 즙을 짜서 블렌더에 넣습니다. 고수는 장식용 잎 몇 장을 빼놓고 모두 찢어 다져주세요. 대파도 함께 잘게 다집니다. 재료를 모두 블렌더에 넣고 부드러워질 때까지 갈아준 다음 간을 맞춘 후 볼에 따릅니다. 남은 코코넛은 디핑 소스 위에 뿌려줍니다. 자, 이제 머쉬룸 번을 오븐에서 꺼낼 차례입니다. 팬에 끈적하게 달라붙은 부분은 숟가락으로 긁어내 주세요. 머쉬룸 번에 장식용으로 남긴 고수 잎을 뿌리고 라임 조각과 함께 내가면 됩니다.

| 열량 | 지방 | 포화지방 | 단백질 | 탄수화물 | 당류 | 나트륨 | 식이섬유 |
|---|---|---|---|---|---|---|---|
| 655kcal | 10.2g | 5.1g | 19g | 129g | 16.3g | 2.3g | 8.1g |

캐서롤 팬

## 마음이 편안해지는 장밋빛 밥 COMFORTING ROSY RICE

구운 파프리카 & 적양파, 콩, 월계수 잎 & 페타

6인분  |  준비 10분 / 조리 1시간

적양파 3개

빨간 파프리카 3개

월계수 잎 9장

강낭콩 통조림(400g) 1통

토마토 페이스트 100g

바스마티(인도산) 쌀 450g

페타 치즈 200g

샐러드(물냉이, 시금치, 아루굴라 혼합)(80g) 2봉지

오븐을 220℃로 예열해 주세요. 양파는 껍질을 벗기고, 파프리카는 씨를 제거한 뒤 모두 굵게 다집니다. 크고 얕은 캐서롤 팬에 다진 채소와 월계수 잎, 올리브오일 2큰술, 레드와인 식초 2큰술을 넣어주세요. 이때 소금을 한 꼬집 넣고 후추는 듬뿍 넣어 재료를 잘 버무린 후 오븐에서 30분간 굽습니다.

30분 뒤 오븐에서 팬을 꺼내 통조림 안에 들어 있는 강낭콩과 국물을 모두 부어주세요. 통조림 두 캔 분량의 물을 추가하고 토마토 페이스트, 바스마티 쌀을 넣고 잘 섞습니다. 페타 치즈를 6등분으로 잘라주세요. 치즈 조각들을 팬에 집어넣은 다음 뚜껑을 덮고 오븐에서 다시 30분간 익히면 완성입니다. 샐러드 잎에 엑스트라 버진 올리브오일과 레드와인 식초로 드레싱하고, 간을 한 후 함께 곁들이면 좋아요.

| 열량 | 지방 | 포화지방 | 단백질 | 탄수화물 | 당류 | 나트륨 | 식이섬유 |
| --- | --- | --- | --- | --- | --- | --- | --- |
| 536kcal | 18.1g | 6g | 16.9g | 80.6g | 10.2g | 1.4g | 7.2g |

로스팅 트레이

## 잘게 썬 겨울 샐러드 SHREDDED WINTER SALAD

구운 포도 & 사과, 적양배추, 머스터드, 호두 & 염소 치즈

메인 4인분 또는 사이드 8인분 | 총 42분

사과 4개

셀러리 1개

씨 없는 적포도 250g

적양배추 1/2개 (500g)

잡곡밥 1봉지 (250g)

무염 호두 반쪽 30g

홀그레인 머스터드 3큰술

염소 치즈 60g

오븐을 220°C로 예열한 다음 시작합니다. 사과는 4등분하여 씨앗을 제거한 뒤 25cm×30cm 크기의 오븐용 트레이에 올립니다. 셀러리의 바깥쪽 줄기는 떼어내어 보관해 주세요. 다른 요리를 할 때 사용할 수 있어요. 남은 셀러리를 잘게 썰고, 맨 안쪽 잎은 장식용으로 쓰게 따로 잘라둡니다. 셀러리와 포도알을 오븐용 트레이에 넣고 올리브오일, 레드와인 식초를 각각 1큰술씩 뿌려주세요. 소금과 후추로 간을 한 후 잘 버무려 오븐에서 30분간 구워줍니다.

그동안 양배추를 굵게 썰어 서빙용 대형 보드나 큰 접시에 올려주세요. 잡곡밥은 포장지에 쓰인 대로 전자레인지에 데운 다음 양배추와 함께 섞습니다. 이때 호두도 부숴서 뿌려주세요. 홀그레인 머스터드 3큰술, 레드와인 식초 3큰술을 뿌린 다음 버무려서 간을 맞추고 서빙용 보드나 큰 접시에 골고루 펴 바릅니다. 사과와 셀러리가 다 익으면 만들어 둔 샐러드에 올립니다. 이때 염소 치즈도 부숴 함께 뿌려주세요. 남은 셀러리 잎으로 장식하고, 엑스트라 버진 올리브오일을 둘러 마무리합니다.

| 열량 | 지방 | 포화지방 | 단백질 | 탄수화물 | 당류 | 나트륨 | 식이섬유 |
|---|---|---|---|---|---|---|---|
| 370kcal | 15.5g | 4g | 10.7g | 47.7g | 29.7g | 1.6g | 8.5g |

로스팅 트레이

## 버섯 & 두부 국수 MUSHROOM & TOFU NOODLES

해선장, 생강, 대파, 특제 고추기름 & 크래커

2인분  |  총 41분

단단한 두부 280g

느타리버섯 300g

대파 1단

생강 조각 5cm

사천 고추기름 1큰술

베르미첼리 쌀국수 2덩이

해선장 소스 2큰술

새우 크래커(서빙용)

오븐을 200°C로 예열해 주세요. 두부는 균등하게 8등분하고 버섯과 함께 25cm×35cm 크기의 오븐용 트레이에 넣습니다. 대파는 손질하여 초록색 이파리 부분은 장식용으로 가늘게 썰어 보관하세요. 흰 뿌리 부분은 3cm 길이로 썰어 트레이에 넣습니다. 생강은 껍질을 벗기고 곱게 갈아주세요. 고추기름과 올리브오일을 각각 1큰술씩 넣고 소금과 후추로 간을 한 뒤 잘 버무려 오븐에 넣어주세요. 25분간 굽습니다. 그동안 쌀국수를 만들어볼게요. 쌀국수를 1인분씩 볼에 나눠 담습니다. 주전자로 물을 끓여 쌀국수가 완전히 잠기도록 붓고, 4분간 그대로 둡니다.

오븐에서 트레이를 꺼냅니다. 이때 모든 내용물을 한쪽으로 밀어둡니다. 해선장을 빈 트레이에 뿌려 끈적하게 붙은 부분들을 긁어냅니다. 쌀국수의 물기를 살짝 제거한 뒤 트레이에 넣고 잘 뒤섞어 줍니다. 취향에 따라 간을 맞추고 면과 두부, 채소를 그릇에 나누어 담아주세요. 장식용으로 남긴 대파 고명을 뿌리고, 새우 크래커도 잘게 부숴 함께 곁들이면 완성입니다!

### 채식 버전

새우 크래커만 빼면 완벽한 채식 식단이 됩니다. 새우 크래커를 타이 크래커나 바삭한 식물성 스낵으로 대체해 보세요.

| 열량 | 지방 | 포화지방 | 단백질 | 탄수화물 | 당류 | 나트륨 | 식이섬유 |
|---|---|---|---|---|---|---|---|
| 259kcal | 9.6g | 1.3g | 10g | 33g | 4.6g | 1g | 0.5g |

프라이팬

## 하셀백 가지 파이 HASSELBACK AUBERGINE PIE

할루미, 꿀, 케이퍼, 스틱 양파 & 오레가노

4인분  |  총 38분

가지 2개 (각 250g)　　　　　소금물에 절인 베이비 케이퍼 2작은술

양파 2개　　　　　　　　　　할루미 치즈 125g

마늘 2쪽　　　　　　　　　　묽은 꿀 2큰술

오레가노 1/2단 (10g)　　　　플랫브레드 4개 (총 320g)

오븐을 200°C로 예열한 다음 시작합니다. 코팅된 30cm 오븐용 프라이팬을 중간 불에 올립니다. 가지는 일단 반으로 길게 잘라주세요. 그다음 가지 표면에 칼집을 낼 건데 칼집을 쉽게 내는 팁을 알려드릴게요. 단면이 아래로 향하게 도마에 가지를 놓고 위아래에 나무 숟가락을 하나씩 놓아주세요. 0.5cm 간격으로 끝까지 칼집을 냅니다. 이 방법을 사용하면 숟가락이 칼날을 막아 가지가 완전히 잘리지 않습니다. 나머지 가지도 같은 방법으로 칼집을 내주세요. 가지의 단면이 위로 향하도록 팬에 놓고 올리브오일 1큰술과 물 100㎖를 넣은 다음 뚜껑을 덮어주세요. 가지를 찌는 동안 양파를 손질합니다. 양파는 껍질을 벗기고 반으로 갈라 아주 얇게 썰고, 마늘은 껍질을 벗겨 편으로 썰어줍니다. 양파와 마늘 모두 팬에 넣고 뚜껑을 덮은 채로 10분간 조리합니다.

그동안 오레가노 줄기에서 잎을 따주세요. 10분 뒤에 베이비 케이퍼와 레드와인 식초 1큰술을 팬에 넣어 섞습니다. 살짝 노릇해질 때까지 5분간 더 끓인 뒤에 취향에 따라 간을 맞춥니다. 할루미 치즈를 작은 덩이로 찢어 넣고 꿀 1큰술을 뿌린 후 팬을 흔들어 줍니다. 이제 팬에 플랫브레드를 올릴 차례입니다. 팬의 모든 재료가 덮이게끔 플랫브레드 4개를 겹쳐서 놓고, 남은 부분은 팬의 가장자리로 밀어 넣습니다. 빵을 꾸욱 눌러 육즙을 흡수시키고 팬을 오븐에 넣습니다. 10분 정도 구우면 빵이 노릇노릇하고 바삭해질 겁니다. 오븐에서 꺼내 남은 꿀 1큰술을 뿌린 후 썰어서 내가면 됩니다.

| 열량 | 지방 | 포화지방 | 단백질 | 탄수화물 | 당류 | 나트륨 | 식이섬유 |
|---|---|---|---|---|---|---|---|
| 456kcal | 15.4g | 6.1g | 17g | 63.9g | 19.7g | 1.7g | 8.6g |

로스팅 트레이

## 구운 당근 샐러드 ROASTED CARROT SALAD

클레멘타인 오렌지, 훈제 아몬드, 강렬한 파슬리 드레싱 & 아루굴라

4인분  |  준비 9분 / 조리 1시간 30분

큰 당근 12개

클레멘타인 오렌지 2개

훈제 아몬드 2큰술

이탈리안 파슬리 1/2단 (15g)

코티지치즈 8큰술

묽은 꿀 1큰술

통밀 피타 또는 작은 플랫브레드 4개

아루굴라 60g

오븐을 200°C로 예열한 다음 시작합니다. 당근은 문질러서 잘 씻고, 큰 오븐용 트레이에 서로 겹치지 않게 놓습니다. 트레이에 클레멘타인 오렌지 즙을 짜고, 그 알맹이도 함께 올려놓습니다. 올리브오일 1큰술을 뿌리고 소금 한 꼬집과 후추를 약간 넣은 다음 쿠킹 호일로 꼼꼼하게 덮어 오븐에서 1시간 동안 굽습니다. 1시간 후, 트레이를 꺼내 쿠킹 호일을 걷고 잘 흔들어 주세요. 그리고 당근이 아주 부드러워질 때까지 30분간 더 굽습니다. 그동안 아몬드를 블렌더로 곱게 갈아주세요. 완성한 요리에 뿌릴 용도이니 따로 보관합니다. 빈 블렌더에 파슬리 잎과 줄기를 모두 넣고 코티지치즈 6큰술과 레드와인 식초 1큰술을 추가해 주세요. 재료들이 부드러워질 때까지 블렌딩합니다. 필요하면 물을 살짝 부어도 좋아요. 취향에 따라 간을 하고 큰 서빙용 접시에 소스를 넓게 부어줍니다. 남은 코티지치즈도 그 위에 잔물결처럼 뿌려주세요.

당근이 들어 있는 트레이를 오븐에서 꺼내 꿀과 레드와인 식초를 각각 1큰술씩 뿌리고, 갈아둔 아몬드도 올려줍니다. 통밀 피타나 플랫브레드를 오븐에 넣고 몇 분간 데워주세요. 그동안 구운 당근을 접시에 옮기고 아루굴라를 뿌려줍니다. 트레이에 남은 걸쭉한 국물도 접시에 흩뿌려 주세요. 빵이 다 구워지면 요리와 함께 내가면 됩니다.

| 열량 | 지방 | 포화지방 | 단백질 | 탄수화물 | 당류 | 나트륨 | 식이섬유 |
|---|---|---|---|---|---|---|---|
| 340kcal | 9.5g | 2.4g | 12.1g | 53.6g | 21.2g | 1.7g | 11.6g |

> 프라이팬

## 바삭한 레이어드 감자 CRISPY LAYERED POTATOES

다진 토마토, 물냉이 & 홀스래디시 샐러드

사이드 8인분  |  준비 24분 / 조리 2시간, 식히기 별도

감자 또는 햇감자 1.5kg

로즈마리 1/2단 (10g)

타임 1/2단 (10g)

다양한 색깔의 방울토마토 250g

물냉이 50g

홀스래디시 크림 1큰술

오븐을 180°C로 예열한 다음 시작합니다. 감자는 껍질을 벗기고 채 썰어주세요. 가능하면 2mm 두께가 가장 좋아요. 로즈마리와 타임은 잎을 따서 잘게 다지고, 올리브오일 2큰술과 소금 한 꼬집, 후추를 약간 뿌려 잘 버무려 줍니다. 코팅된 24cm 오븐용 프라이팬에는 식품용 기름종이를 깔고 올리브오일을 발라주세요. 팬에 채 썬 감자를 층층이 쌓고 잘 눌러서 부피를 줄여주세요. 이후 쿠킹 호일을 덮고 오븐에서 1시간 30분 동안 굽습니다. 구운 감자는 오븐에서 꺼내 충분히 식힌 후, 쿠킹 호일을 골고루 눌러주세요. 접시를 써서 한 번 더 압축하듯 누른 뒤 하룻밤 동안 냉장 보관해주세요.

다음 날, 오븐을 220°C로 예열해 둡니다. 냉장고에서 감자를 꺼내 쿠킹 호일을 벗기고 도마에 올려주세요. 유산지도 제거합니다. 감자를 3cm 크기로 자르고, 층이 잘 드러나도록 각 조각을 옆으로 돌려줍니다. 팬에 올리브오일 1큰술을 두르고, 감자 조각을 퍼즐 맞추듯 다시 넣어주세요. 층이 난 옆면이 위를 향하도록 빠짐없이 넣고 꾹꾹 눌러 팬을 가득 채웁니다. 오븐의 가장 아래 칸에서 노릇노릇하고 바삭해질 때까지 30분간 굽습니다. 그동안 샐러드를 준비합시다. 방울토마토는 4등분하여 물냉이, 홀스래디시 크림과 섞어줍니다. 엑스트라 버진 올리브오일과 레드와인 식초도 각각 1큰술씩 넣고 버무려 주세요. 샐러드는 취향껏 간을 맞춘 뒤 바삭바삭한 감자와 함께 내가면 됩니다.

| 열량 | 지방 | 포화지방 | 단백질 | 탄수화물 | 당류 | 나트륨 | 식이섬유 |
|---|---|---|---|---|---|---|---|
| 213kcal | 7.3g | 1g | 4.4g | 34.3g | 2.6g | 0.3g | 2.9g |

캐서롤 팬

## 야채 스튜 & 만두 VEGGIE STEW & DUMPLINGS

구운 두부, 릭, 주키니 호박, 옥수수 & 더블 치즈

4인분 | 총 47분

로즈마리 가지 2개

릭(서양 대파) 1대

주키니 호박 2개

구운 두부(225g) 1팩

팽창제 혼합 밀가루 200g 이상

통옥수수 2개

체더 치즈 40g

코티지치즈 4큰술

로즈마리는 잎을 따서 아주 곱게 다집니다. 릭은 세로로 길게 잘라 깨끗이 씻고 3cm 크기로 자릅니다. 주키니 호박과 훈제 두부도 같은 크기로 잘라주세요. 크고 얕은 캐서롤 팬을 중간 불에 올립니다. 팬이 뜨거워지면 올리브오일 2큰술과 다진 로즈마리, 훈제 두부를 넣고 5분 후 릭과 주키니 호박도 마저 넣습니다. 채소의 색이 변하지 않도록 중간중간 섞어가며 10분간 볶아줍니다. 그동안 밀가루에 소금 한 꼬집과 후추 약간, 미지근한 물 120㎖를 넣고 잘 섞어 반죽을 만들어 주세요. 반죽은 12등분으로 잘라 공 모양으로 굴려줍니다.

주전자에 물을 끓이세요. 팬에 밀가루 1큰술을 수북하게 넣고 잘 저어주세요. 통옥수수는 3cm 크기로 잘라 넣습니다. 천천히 저으면서 채소가 푹 잠길 만큼 뜨거운 물을 부어줍니다. 이제 아까 만든 동글동글한 만두를 팬에 골고루 넣습니다. 뚜껑을 덮고 15분간 끓입니다. 중간중간 뚜껑을 열어 뒤적이면서 만두를 소스로 코팅해 주세요. 스튜가 다 끓으면 체더 치즈를 갈아 넣고 코티지치즈도 넣어줍니다. 잘 저어서 섞고 취향에 따라 간을 맞춰주세요. 원한다면 엑스트라 버진 올리브오일을 살짝 둘러 마무리해도 좋아요.

| 열량 | 지방 | 포화지방 | 단백질 | 탄수화물 | 당류 | 나트륨 | 식이섬유 |
|---|---|---|---|---|---|---|---|
| 389kcal | 15.7g | 4.5g | 17.3g | 48.1g | 6.1g | 2.6g | 1.3g |

캐서롤 팬

## 호지포지 수프 HODGEPODGE SOUP

당근, 시금치, 코코넛밀크, 고수, 향신료 & 포파덤

4인분  |  총 34분

| | |
|---|---|
| 당근 400g | 바스마티 쌀(인도산) 150g |
| 양파 2개 | 냉동 시금치 320g |
| 고수 1단 (30g) | 저지방 코코넛밀크 통조림(400ml) 1통 |
| 커리 페이스트(마드라스) 1큰술 | 익히지 않은 포파덤 4개 |

크고 얕은 캐서롤 팬을 중간보다 센불에 올립니다. 팬에 올리브오일 1큰술을 먼저 둘러주세요. 당근은 깨끗하게 씻어 원하는 모양으로 잘게 썰어 넣습니다. 양파는 껍질을 벗기고 다져서 넣고, 소금 한 꼬집과 후추도 약간 뿌려줍니다. 중간중간 저으면서 10분간 익히세요. 고수는 잎을 딴 후 줄기만 잘게 다져 넣어줍니다. 잎은 버리지 말고 따로 보관하세요. 고수 줄기를 넣고 1분 정도 지나면 커리 페이스트, 바스마티 쌀, 냉동 시금치를 넣고 5분간 더 조리합니다. 중간중간 잘 저어주는 것도 잊지 마세요.

이제 팬에 코코넛밀크를 붓고 통조림 3캔 분량의 물을 넣어줍니다. 소스가 보글보글 끓기 시작하면 포파덤을 작은 조각으로 썰어 수프에 넣어주세요. 잘 저어준 후 뚜껑을 덮고 마지막으로 10분간 더 끓입니다. 고수 잎을 찢어 넣고 취향에 따라 간을 맞춰 내가면 완성입니다.

| 열량 | 지방 | 포화지방 | 단백질 | 탄수화물 | 당류 | 나트륨 | 식이섬유 |
|---|---|---|---|---|---|---|---|
| 366kcal | 11.7g | 6g | 10.5g | 55.9g | 13.6g | 1.3g | 9.8g |

> 프라이팬

## 토마토 프리터 TOMATO FRITTERS

향긋한 허브, 페타 & 핫 칠리소스

2인분 | 총 20분

| | |
|---|---|
| 다양한 색깔의 방울토마토 250g | 일반 밀가루 수북이 2큰술 |
| 이탈리안 파슬리 1/2묶음 (15g) | 큰 달걀 1개 |
| 말린 오레가노 1작은술 | 핫 칠리 소스 |
| 적양파 1개 | 페타 치즈 30g |

방울토마토를 모두 4등분으로 잘라줍니다. 파슬리는 잎을 따주세요. 도마에 방울토마토와 파슬리 잎을 올린 후 말린 오레가노, 엑스트라 버진 올리브오일 1/2큰술, 레드와인 식초 1큰술을 뿌려 잘 섞습니다. 소금과 후추로 간을 맞춰 완성한 샐러드의 반은 두 접시에 나눠 담아주세요. 나머지 반은 도마에 남겨둡니다.

코팅된 30cm 프라이팬을 중불에 올려주세요. 적양파는 껍질을 벗기고 반으로 갈라 얇게 썰어 도마에 올려둡니다. 밀가루, 달걀, 칠리 소스 몇 방울도 추가해 주세요. 페타 치즈는 장식용으로 쓸 것을 조금 남기고 나머지는 부숴주세요. 페타 치즈 부스러기를 도마에 있는 재료들과 잘 섞어 여섯 덩이로 나눕니다. 재료를 잘 뭉쳐서 동그란 패티로 만들어 주세요. 약간 못생겼다는 느낌이 들 수 있지만 요리가 끝나면 깜짝 놀랄 거예요. 팬에 올리브오일 1큰술을 두르고 5분간 패티의 양면이 잘 익을 때까지 노릇하게 튀깁니다. 남은 페타 치즈를 잘게 부숴 방울토마토 샐러드에 뿌린 뒤, 튀김과 함께 곁들입니다. 원한다면 칠리 소스를 추가로 뿌려도 좋아요.

| 열량 | 지방 | 포화지방 | 단백질 | 탄수화물 | 당류 | 나트륨 | 식이섬유 |
|---|---|---|---|---|---|---|---|
| 301kcal | 17.6g | 4.5g | 10.4g | 27.3g | 9.9g | 0.3g | 3.8g |

닭고기는 늘 장바구니에서 빠지지 않는 재료죠.

닭 요리 레퍼토리를 다양하게 만들어 줄

다양한 맛과 조리법을 공유합니다.

치킨 즐기기

로스팅 트레이

## 케이준 치킨 트레이베이크 CAJUN CHICKEN TRAYBAKE

양파 & 파프리카, 쌀, 요거트 & 아루굴라

4인분  |  준비 7분 / 조리 1시간

적양파 2개
다양한 색깔의 파프리카 3개
닭다리 4개
케이준 시즈닝 1큰술

마늘 4쪽
바스마티 쌀(인도산) 1컵 (300g)
천연 요거트 4큰술
아루굴라 60g

오븐을 200℃로 예열한 다음 시작합니다. 양파는 껍질을 벗기고 반으로 잘라주세요. 파프리카는 씨와 꼭지를 제거하고 큼직한 덩어리로 찢어줍니다. 25cm×35cm짜리 오븐용 트레이에 닭다리, 케이준 시즈닝, 껍질을 벗기지 않은 마늘 4쪽을 넣습니다. 올리브오일과 레드와인 식초를 각각 1큰술씩 뿌리고 후추로 간을 한 후 잘 버무려 줍니다. 닭은 껍질 부분이 위를 향하도록 놓고 오븐에서 40분간 굽습니다.

주전자에 물을 끓여주세요. 오븐에서 트레이를 꺼내고 마늘은 껍질을 벗겨 다져줍니다. 닭다리 주변으로 쌀 1컵을 골고루 뿌리고, 끓는 물을 2컵(600㎖) 부어줍니다. 트레이를 쿠킹 호일로 덮고 오븐에서 다시 20분간 굽습니다. 그러면 쌀이 부풀어 오르고 닭다리살이 뼈에서 쉽게 분리될 겁니다. 취향껏 간을 맞춘 다음 천연 요거트와 아루굴라를 조금 얹고, 후추도 약간 뿌려 내가면 됩니다. 원한다면 엑스트라 버진 올리브오일을 살짝 둘러 마무리해도 좋아요.

### 채식 버전

닭고기 대신 껍질 벗긴 땅콩호박이나 가지를 이용해 보세요. 큼직큼직하게 썰어 같은 방법으로 조리하면 됩니다.

| 열량 | 지방 | 포화지방 | 단백질 | 탄수화물 | 당류 | 나트륨 | 식이섬유 |
|---|---|---|---|---|---|---|---|
| 633kcal | 22.5g | 5.9g | 34.6g | 77.6g | 12.4g | 0.5g | 5.8g |

> 프라이팬

## 치킨 & 머시룸 퍼프 파이 CHICKEN & MUSHROOM PUFF PIE

페퍼리 그린, 머스터드, 대파, & 페이스트리 덮개

4인분 | 총 33분

| | |
|---|---|
| 껍질을 벗긴 순살 닭다리 500g | 저지방 우유 600ml |
| 대파 1단 | 일반 밀가루 수북이 1큰술 |
| 다양한 종류의 버섯 320g | 홀그레인 머스터드 1큰술 |
| 퍼프 페이스트리 시트 320g | 샐러드(물냉이, 시금치, 아루굴라 혼합) 80g |

오븐을 200°C로 예열해 주세요. 닭고기는 3cm 크기로 잘라 코팅된 30cm 프라이팬에 올립니다. 불을 중간보다 센불에 맞추고, 올리브오일 1큰술을 팬에 두른 뒤 중간중간 저어주세요. 대파는 다듬은 뒤 1cm 길이로 썰어 넣어주세요. 버섯도 다듬은 뒤 찢어서 넣습니다. 10분간 또는 재료가 노릇해질 때까지 규칙적으로 저어가며 조리합니다.

그동안 페이스트리 시트를 유산지 위에 펼쳐두세요. 칼로 가장자리를 따라 3cm 너비의 테두리를 표시할 겁니다(완전히 잘라내지는 마세요!). 안쪽 면에는 십자형 패턴으로 살짝 칼집을 내주세요. 페이스트리 시트에 우유를 살짝 바른 뒤 식품용 기름종이에 올려 오븐 중간 선반에서 17분간 굽습니다. 페이스트리 시트가 노릇하게 부풀어 오르고 완전히 익을 때까지요. 그동안 팬에 밀가루를 넣고 1분간 잘 섞어주세요. 그리고 천천히 우유를 부어 페이스트리가 다 익을 때까지 중간 불에서 보글보글 끓여주세요. 중간중간 저어주고 필요하면 우유를 더 부어 풀어줍니다. 이제 불을 끄고 팬에 홀그레인 머스터드와 샐러드 잎 절반 정도를 넣어 잘 섞어주세요. 간은 취향에 따라 맞춥니다. 오븐에서 페이스트리를 꺼내 약간 식힌 다음, 서빙 보드로 옮겨주세요. 이때 유산지는 버립니다. 이제 칼로 페이스트리의 테두리를 둥글게 잘라줍니다. 페이스트리 윗부분 몇 겹만 잘라주세요. 뒤집개를 사용하여 조심스럽게 윗면을 들고 안쪽 면을 제거해 주세요(마치 덮개처럼요!). 바닥 부분의 페이스트리 층은 그대로 남겨주세요. 미리 만들어둔 소스와 남은 샐러드 잎을 페이스트리 안에 채워줍니다. 다시 뚜껑을 덮은 후 먹기 좋게 썰어서 내가면 완성입니다.

### 채식 버전

닭고기는 빼고 버섯의 양을 늘려주세요!

| 열량 | 지방 | 포화지방 | 단백질 | 탄수화물 | 당류 | 나트륨 | 식이섬유 |
|---|---|---|---|---|---|---|---|
| 679kcal | 36.2g | 13.5g | 39.8g | 48.2g | 39.8g | 1.1g | 4.7g |

> 캐서롤 팬

## 푹 졸인 치킨 수프 POACHED CHICKEN SOUP

통옥수수, 당근, 완두콩, 국수 & 훈제 베이컨

6인분  |  준비 8분 / 조리 2시간

통닭(1.5kg) 1마리

훈제 베이컨 4줄

작은 당근 6개

통옥수수 4개

로즈마리 1단 (20g)

베르미첼리 쌀국수 3덩이

냉동 완두콩 400g

잉글리시 머스터드 (서빙용)

크고 깊은 캐서롤 팬에 닭을 통째로 넣습니다. 베이컨은 대충 썰어 추가해 주세요. 당근도 손질해서 통째로 넣습니다. 통옥수수는 세 조각으로 자른 다음 팬에 넣고 찬물 4ℓ를 부어 모든 재료가 푹 잠기게 해 주세요. 뚜껑을 덮고 내용물이 끓기 시작하면, 중약불에서 1시간 30분간 더 끓여주세요.

닭고기를 집게로 들어 올려 접시에 옮겨주세요. 그다음 함께 끓인 베이컨, 당근, 옥수수를 여섯 그릇에 나누어 담고 수프가 담긴 팬은 불에 그대로 둡니다. 불 세기를 올려 수프를 다시 끓이는 동안 포크 두 개로 뼈에서 닭고기를 모두 분리해 잘게 찢고 그릇마다 나누어 담아주세요. 수프 표면에 뜬 기름을 걷어냅니다. 필수는 아니에요. 그다음 로즈마리를 주방용 끈으로 묶어 끓는 팬에 넣습니다. 로즈마리가 환상적인 향을 더해준답니다. 쌀국수와 냉동 완두콩도 넣어주세요. 2분 후에 로즈마리를 건져내고 수프의 간을 맞춰주세요. 집게를 사용해 쌀국수를 그릇에 옮겨 담고, 완두콩과 수프도 한 국자씩 담아주세요. 잉글리시 머스터드를 곁들여 내가면 완성입니다. 원한다면 엑스트라 버진 올리브오일과 후추를 살짝 뿌려 마무리해도 좋습니다.

| 열량 | 지방 | 포화지방 | 단백질 | 탄수화물 | 당류 | 나트륨 | 식이섬유 |
|---|---|---|---|---|---|---|---|
| 446kcal | 6.9g | 1.8g | 47.1g | 50.3g | 7.9g | 0.6g | 6.8g |

로스팅 트레이

## 스위트 & 사워 로스트 치킨 SWEET & SOUR ROAST CHICKEN

쌀, 오향, 파프리카 & 적양파, 파인애플 & 견과류

6인분　|　준비 12분 / 조리 1시간 55분

| | |
|---|---|
| 다양한 색깔의 파프리카 3개 | 통닭(1.5kg) 1마리 |
| 적양파 3개 | 오향 가루 1큰술 |
| 생강 조각 10cm | 바스마티 쌀(인도산) 1컵 (300g) |
| 파인애플 통조림(820g) 1통 | 가염 구운 땅콩 3큰술 |

오븐을 180°C로 예열해 준 다음 시작합니다. 파프리카는 씨를 제거하고, 양파는 껍질을 벗겨 3cm 크기로 자른 다음 25cm×35cm짜리 오븐용 트레이에 넣습니다. 생강은 껍질을 벗기고 잘게 다진 후 파인애플 링과 함께 트레이에 넣습니다. 파인애플 통조림의 국물은 남겨두세요. 트레이에 올리브오일, 레드와인 식초를 각각 2큰술씩 뿌리고, 소금과 후추를 약간 넣고 잘 버무려 주세요. 이때 닭을 트레이에 잠시 넣어 재료를 고루 묻힌 뒤 오향 가루도 구석구석 잘 문질러 줍니다. 이제 트레이를 오븐에 넣은 다음 닭은 트레이 바로 위에 있는 바에 올려주세요. 닭고기가 노릇하게 잘 익을 때까지 1시간 20분 동안 구워줍니다.

구운 닭고기는 접시로 옮기고 잠시 둡니다. 바스마티 쌀 1컵을 트레이에 부어 잘 섞어줍니다. 파인애플 통조림의 국물을 머그 컵에 따르고 컵이 꽉 차게끔 물을 더 채웁니다. 트레이에 소스를 붓고 물 한 컵을 또 넣어주세요(총 600㎖). 내용물을 잘 섞은 뒤, 트레이를 쿠킹 호일로 꼼꼼하게 덮고 밥이 될 때까지 오븐에서 다시 35분간 구워줍니다. 5분 정도 남았을 때, 닭 뼈에서 고기와 바삭한 껍질을 모두 분리하여 잘게 썰고, 밥과 구운 채소에 잘 섞어주세요. 마지막으로 견과류를 으깨서 뿌리면 완성입니다.

### 재료 추천

이 레시피에는 어떤 견과류를 써도 잘 어울린답니다. 허니 로스트 캐슈너트, 훈제 아몬드, 심지어 와사비 완두콩도 어울리니 자유롭게 사용해 보세요.

| 열량 | 지방 | 포화지방 | 단백질 | 탄수화물 | 당류 | 나트륨 | 식이섬유 |
|---|---|---|---|---|---|---|---|
| 511kcal | 11.1g | 2.2g | 43.6g | 63.4g | 18.8g | 0.7g | 4.8g |

> 로스팅 트레이

## 따끈한 치킨 스튜 COMFORTING CHICKEN STEW

훈제 베이컨, 레드와인, 타임, 토마토 & 흰콩

4인분  |  준비 13분 / 조리 1시간

훈제 베이컨 4줄

마늘 4쪽

펜넬 씨앗 1큰술

타임 1/2단 (10g)

레드와인 200ml

플럼 토마토 홀 통조림(400g) 2통

카넬리니 콩 통조림(400g) 2통

닭다리 4개

오븐을 190℃로 예열해 주세요. 먼저 베이컨을 2cm 크기로 자릅니다. 마늘은 껍질을 벗기고 편으로 썰어주세요. 중약불에 25cm×35cm짜리 오븐용 트레이를 올리고 올리브오일 1큰술을 두른 후 베이컨과 마늘, 펜넬 씨앗을 넣습니다. 타임 잎도 뜯어서 넣어주세요. 재료가 살짝 노릇노릇해질 때까지 잘 저어줍니다. 이제 레드와인을 붓고 깨끗한 손으로 토마토를 으스러뜨려 팬에 넣어주세요. 카넬리니 콩은 물기를 제거한 후에 추가하고, 소금과 후추를 약간 넣고 잘 섞어준 다음 스튜를 계속 끓입니다. 그동안 닭다리에 가볍게 간을 한 뒤 껍질이 위를 향하도록 스튜에 놓아주세요. 그대로 오븐에서 1시간 동안 굽습니다. 스튜가 걸쭉하고 맛있게 졸아들면서 닭 뼈에서 고기와 살이 쉽게 분리될 거예요. 중간에 스튜를 한 번 잘 섞고 닭고기에 양념을 끼얹어 주면 더 좋습니다. 이대로 드셔도 정말 맛있지만, 신선한 그린 샐러드나 익힌 채소, 소스에 찍어 먹을 빵을 함께 곁들이는 것도 추천합니다.

| 열량 | 지방 | 포화지방 | 단백질 | 탄수화물 | 당류 | 나트륨 | 식이섬유 |
|---|---|---|---|---|---|---|---|
| 459kcal | 20.4g | 5.2g | 37.4g | 20.4g | 6.2g | 1.3g | 9.6g |

프라이팬

## 육즙 가득 타히니 치킨 JUICY TAHINI CHICKEN

주키니 호박 & 레몬 쿠스쿠스, 마늘, 요거트 & 파슬리

2인분 | 총 24분

| | |
|---|---|
| 다양한 색의 주키니 호박 2개 | 마늘 2쪽 |
| 레몬 1개 | 껍질을 벗긴 닭 가슴살(150g) 2조각 |
| 쿠스쿠스 150g | 타히니 소스 2큰술 |
| 이탈리안 파슬리 1단 (30g) | 천연 요거트 2큰술 |

주전자에 물을 끓여주세요. 코팅된 30cm 프라이팬을 센불에 올립니다. 주키니 호박을 다듬어 세로로 4등분한 후 마른 팬에 5분간 구워주세요. 중간에 한 번 뒤집으면 됩니다. 레몬은 반으로 자르고, 단면이 아래로 향하도록 서빙용 그릇에 담습니다. 쿠스쿠스를 레몬 주위에 골고루 뿌리고 재료가 완전히 잠길 만큼 끓는 물 300㎖를 부어주세요. 파슬리는 줄기만 잘게 썰어 그릇에 뿌립니다. 잎에는 남은 레몬즙을 뿌린 후 따로 보관하세요. 마늘은 껍질을 벗겨 편으로 썰어주세요. 구운 주키니 호박을 도마로 옮겨 굵직하게 썬 뒤 쿠스쿠스에 얹어줍니다. 이제 팬을 다시 불에 올려주세요.

닭고기는 세로 1cm 간격으로 칼집을 낸 다음 반으로 잘라주세요. 타히니 소스는 약간 덜어내고 남은 타히니 소스와 마늘, 소금과 후추를 약간 섞어 닭고기에 잘 문질러 주세요. 그런 다음 뜨거워진 마른 팬에 닭고기의 각 면을 4분간 구워 노릇하게 익혀주세요. 남은 레몬 반쪽은 쿠스쿠스에 즙을 짜줍니다. 쿠스쿠스, 파슬리 줄기, 주키니 호박을 함께 버무린 후 취향껏 간을 맞춰주세요. 레몬즙으로 드레싱한 파슬리 잎을 그 위에 올려줍니다. 남은 타히니 소스는 요거트와 섞고, 원한다면 엑스트라 버진 올리브오일을 살짝 뿌린 후 육즙 가득한 타히니 치킨과 함께 내가면 완성입니다.

| 열량 | 지방 | 포화지방 | 단백질 | 탄수화물 | 당류 | 나트륨 | 식이섬유 |
|---|---|---|---|---|---|---|---|
| 596kcal | 15g | 2.9g | 51.8g | 68.8g | 9g | 0.8g | 4.8g |

캐서롤 팬

## 로즈마리 로스트 치킨 ROSEMARY ROAST CHICKEN

대파, 마늘, 사과주스, 리마콩, 크렘 프레슈 & 스틸턴

4인분  |  준비 15분 / 조리 50분

닭다리 & 넓적다리 1kg

마늘 3쪽

대파 3개

로즈마리 3줄기

사과주스 250ml

리마콩 통조림(400g) 1통

스틸턴 치즈 30g

저지방 크렘 프레슈 3큰술

오븐을 180°C로 예열해 주세요. 크고 얕은 캐서롤 팬도 하나 준비합니다. 닭고기를 차가운 캐서롤 팬에 넣고 센불에 올려주세요. 닭고기가 전체적으로 노릇해지도록 10분간 굽습니다. 중간중간 뒤집어 주는 것도 잊지 마세요. 닭고기를 굽는 동안 마늘은 껍질을 벗겨 편으로 썰고, 대파는 씻어서 손질한 후 아주 얇게 썰어주세요. 로즈마리는 잎을 따서 대강 다진 다음 마늘, 대파와 함께 팬에 넣습니다. 소금과 후추로 간을 한 다음 재료를 잘 섞어주세요. 채소가 약간 부드러워질 때까지 2분 정도 더 조리합니다. 닭고기의 껍질 부분이 위로 향하도록 놓은 뒤, 팬에 물기를 반쯤 뺀 리마콩과 사과주스를 넣으세요. 그대로 오븐에서 45분간 구워주면 닭고기가 뼈에서 쉽게 분리될 겁니다.

오븐에서 팬을 꺼내 중간보다 센불에 올려주세요. 스틸턴 치즈를 작은 덩이로 떼어 팬에 넣고, 크렘 프레슈도 함께 넣어줍니다. 모두 잘 섞고 몇 분간 더 끓이면 완성입니다. 그대로 드셔도 좋고, 익힌 채소를 곁들이는 것도 추천합니다.

| 열량 | 지방 | 포화지방 | 단백질 | 탄수화물 | 당류 | 나트륨 | 식이섬유 |
|---|---|---|---|---|---|---|---|
| 514kcal | 28g | 9g | 46.7g | 15.3g | 5.3g | 0.5g | 6.1g |

캐서롤 팬

## 허니 로스트 치킨 HONEY ROAST CHICKEN

적양파, 오레가노, 오렌지, 페타 & 피스타치오

4인분  |  준비 16분 / 조리 50분

닭다리 & 넓적다리 1kg

적양파 2개

오레가노 1단 (20g)

오렌지 2개

다양한 색깔의 방울토마토 160g

묽은 꿀 2큰술

껍질을 벗긴 무염 피스타치오 20g

페타 치즈 20g

오븐을 180°C로 예열해 주세요. 크고 얕은 캐서롤 팬도 하나 준비합니다. 닭고기를 차가운 캐서롤 팬에 넣고 센불에 올려주세요. 전체적으로 노릇해지도록 중간중간 뒤집으면서 10분간 굽습니다. 닭고기를 굽는 동안 양파는 껍질을 벗겨 대강 자르고 오레가노는 잎을 땁니다. 스피드 필러(감자칼)로 오렌지 껍질을 벗기고 양파, 오레가노 잎과 함께 팬에 넣어주세요. 레드와인 식초 2큰술을 두르고 소금과 후추로 간한 후 잘 섞습니다. 닭고기의 껍질 부분이 위로 향하도록 놓은 뒤 오븐에서 45분간 구우면 닭고기가 뼈에서 쉽게 분리될 겁니다.

오븐에서 팬을 꺼내 중간보다 센불에 올려주세요. 오렌지즙을 짜 넣고 방울토마토도 4등분하여 넣습니다. 팬이 지글지글 끓기 시작하면 닭고기에 꿀을 뿌리고 피스타치오도 잘게 다져 뿌려주세요. 페타 치즈를 다져서 올리면 완성입니다. 쿠스쿠스나 간단한 샐러드를 곁들여 드시는 것도 좋습니다.

| 열량 | 지방 | 포화지방 | 단백질 | 탄수화물 | 당류 | 나트륨 | 식이섬유 |
|---|---|---|---|---|---|---|---|
| 442kcal | 23.7g | 6.6g | 42g | 16.3g | 13.6g | 0.9g | 2.5g |

캐서롤 팬

## 파프리카 로스트 치킨 PAPRIKA ROAST CHICKEN

**월계수 잎, 식초, 마늘, 양파, 고추 & 꿀**

4인분  |  준비 13분 / 조리 45분

닭다리 & 넓적다리 1kg

큰 양파 2개

마늘 8쪽

월계수 잎 8장

다양한 색깔의 고추 8개

훈제 파프리카 가루 1작은술

묽은 꿀 1큰술

오븐을 180°C로 예열해 주세요. 크고 얕은 캐서롤 팬에 닭고기를 넣고 센불에 올립니다. 닭이 전체적으로 노릇해지도록 중간중간 뒤집으면서 10분간 구워주세요. 그동안 양파 껍질을 벗기고 얇게 썰어 팬에 넣습니다. 껍질을 벗기지 않은 마늘과 월계수 잎도 넣고, 고추는 칼집을 내어 넣어주세요. 레드와인 식초 2큰술을 두른 뒤 소금, 후추로 간하고 재료들을 잘 섞습니다. 닭고기의 껍질 부분이 위로 향하도록 놓은 뒤, 파프리카 가루를 뿌리고 오븐에서 40분간 굽습니다. 그다음 팬을 꺼내 닭고기에 꿀을 뿌려주세요. 원한다면 파프리카 가루를 더 넣어도 좋습니다. 닭고기가 뼈에서 쉽게 분리될 때까지 5분간 더 구워주면 완성입니다. 바삭한 빵이나 맛있는 밥과 함께 즐겨보세요.

### 요리 업그레이드

고추를 통째로 구우면 맛있을 뿐만 아니라 부드러운 풍미를 냅니다. 맛의 균형을 잡아주고 강렬함을 더해주죠. 요리를 내기 전에 고추를 꺼내서 꼭지와 씨를 제거한 다음 예쁘게 잘라주세요. 취향에 따라 일부는 다시 섞고 나머지는 깨끗한 병에 담아 식힌 뒤, 올리브오일을 뿌려 보관하세요. 스크램블드에그나 밥에 뿌려 먹으면 더 매력적인 한 끼를 만들 수 있습니다.

| 열량 | 지방 | 포화지방 | 단백질 | 탄수화물 | 당류 | 나트륨 | 식이섬유 |
|---|---|---|---|---|---|---|---|
| 388kcal | 20.2g | 5.6g | 41g | 11.6g | 6.8g | 0.8g | 2g |

캐서롤 팬

## 미소 로스트 치킨 MISO ROAST CHICKEN

고구마, 라임, 대파, 참깨 & 간장

4인분　|　준비 17분 / 조리 48분

| | |
|---|---|
| 참깨 2큰술 | 대파 1단 |
| 닭다리 & 넓적다리 1kg | 말린 버섯 1큰술 (표고버섯 추천) |
| 라임 2개 | 백미소(일본식 백된장) 1큰술 |
| 작은 고구마 4개 (각 150g) | 저염 간장 2큰술 |

오븐을 180°C로 예열하고 주전자에 물을 끓여주세요. 크고 얕은 캐서롤 팬을 센불에 올리고 참깨를 가열하면서 볶은 다음 접시에 옮겨 담습니다. 닭고기를 팬에 넣고 종종 뒤집으면서 10분간 노릇노릇하게 구워주세요. 그동안 스피드 필러로 라임 1개의 껍질을 벗기고, 고구마도 껍질을 벗겨 반으로 길게 자릅니다. 대파는 다듬어서 3cm 길이로 자르고, 초록색 이파리 부분은 가늘게 썰어서 장식용으로 남겨둡니다. 라임 껍질, 고구마, 대파를 팬에 넣습니다. 작은 볼에 말린 버섯과 백미소, 간장, 레드와인 식초 2큰술, 뜨거운 물 200㎖를 부어 잘 섞어줍니다. 이때 남은 건더기는 제거해주세요. 닭고기의 껍질 부분이 위로 향하도록 놓은 뒤 고구마와 함께 오븐에서 45분간 구워주면 닭고기는 뼈에서 쉽게 분리되고 고구마는 부드러워질 겁니다.

오븐에서 팬을 꺼내 중간보다 센불에 올려주세요. 남은 라임즙을 짜서 잘 섞은 후 지글지글 끓기 시작하면 불을 꺼주세요. 팬에 끈적하게 들러붙은 부분들을 잘 긁어낸 뒤, 구운 참깨와 얇게 썬 대파 고명을 뿌리면 완성입니다. 찹쌀밥과 익힌 채소를 곁들여 드셔도 좋습니다.

| 열량 | 지방 | 포화지방 | 단백질 | 탄수화물 | 당류 | 나트륨 | 식이섬유 |
|---|---|---|---|---|---|---|---|
| 509kcal | 22.2g | 6g | 43.6g | 34.4g | 9.2g | 1.8g | 6.2g |

> 로스팅 트레이

## 영양 만점 치킨 시저샐러드 CHEERFUL CHICKEN CAESAR

포카치아 칩, 구운 고구마, 로메인, 레몬 & 파르메산

4인분  |  준비 15분 / 조리 1시간 5분

| | |
|---|---|
| 고구마 4개 (각 250g) | 포카치아 300g |
| 통마늘 1개 | 파르메산 치즈 40g |
| 레몬 2개 | 천연 요거트 4큰술 |
| 닭 넓적다리 4개 | 로메인 상추 2포기 |

오븐을 180°C로 예열해 주세요. 고구마는 껍질을 벗겨 반으로 길게 자르고, 통마늘과 함께 큰 오븐용 트레이에 넣습니다. 레몬 1개도 반으로 잘라 넣고 닭고기도 트레이에 넣어주세요. 올리브오일 1큰술을 두르고 소금과 후추로 간을 한 후 잘 섞어 오븐에서 55분간 구워주세요. 닭고기가 뼈에서 쉽게 분리될 때까지요. 그동안 포카치아는 두툼한 조각으로 잘라둡니다.

오븐에서 트레이를 꺼내 고구마를 접시에 나눠 담습니다. 구운 닭고기, 마늘, 레몬 반쪽은 도마에 빼두고 포카치아는 트레이에 남은 육즙에 담가줍니다. 집게를 사용해 닭 껍질을 벗기고 대강 잘라 포카치아에 뿌린 다음 오븐에서 10분 동안 굽습니다. 그사이 구운 마늘을 으깨서 껍질 벗긴 마늘만 블렌더에 넣어주세요. 곱게 간 파르메산 치즈(30g)와 요거트, 레몬 1개 분량의 즙도 함께 넣습니다. 그리고 모든 재료가 부드러워질 때까지 블렌딩하고 간을 맞춥니다. 로메인 상추는 다듬고 잎을 하나씩 떼어냅니다. 닭고기 살을 잘게 찢어 뼈는 버리고 구운 레몬 반쪽으로 즙을 짜 뿌려줍니다. 나머지 반쪽은 꼭지를 제거하여 얇게 자르세요. 구운 포카치아와 닭 껍질을 접시에 나누어 담습니다. 블렌더로 갈아둔 드레싱을 트레이에 붓고 잘게 찢은 닭고기, 로메인 상추, 얇게 자른 레몬과 함께 잘 버무려 줍니다. 음식을 접시에 나누어 담고, 남은 파르메산 치즈를 곱게 갈아 뿌립니다. 원한다면 엑스트라 버진 올리브오일을 살짝 둘러 마무리해도 좋아요.

| 열량 | 지방 | 포화지방 | 단백질 | 탄수화물 | 당류 | 나트륨 | 식이섬유 |
|---|---|---|---|---|---|---|---|
| 689kcal | 20.2g | 5.6g | 37.9g | 89.2g | 15g | 1.8g | 10.7g |

## 스매시드 레몬그라스 치킨 SMASHED LEMONGRASS CHICKEN

**라임, 데리야키, 마늘, 생강, 채소 & 쌀국수**

2인분  |  총 18분

마늘 2쪽

생강 조각 6cm

레몬그라스 2줄기

껍질 벗긴 닭 가슴살(150g) 2조각

베르미첼리 쌀국수 2덩이

볶음용 혼합 채소(320g) 1봉지

데리야키 소스

라임 2개

주전자에 물을 끓이고 마늘과 생강은 껍질을 벗겨 채 썰어주세요. 레몬그라스는 도마에 놓고 두들겨 거친 겉껍질을 제거하고 잘게 썹니다. 큰 유산지를 깔고 닭 가슴살을 올린 뒤 풍미가 잘 스미도록 칼집을 내줍니다. 닭 가슴살에 소금, 후추를 약간 뿌리고 썰어둔 마늘, 생강, 레몬그라스에도 뿌립니다. 올리브오일을 살짝 뿌린 뒤 유산지를 접어 닭 가슴살을 싸주세요. 그리고 밀대로 두드려 1.5cm 두께로 납작하게 만듭니다. 쌀국수는 볼에 담고 끓인 물을 부어주세요.

코팅된 30cm 프라이팬을 센불에 올려주세요. 프라이팬이 뜨거워지면 닭고기를 넣습니다. 이때 양념을 바른 면이 아래로 향하도록 해 주세요. 양면을 각각 3분씩 구워 노릇노릇하게 익혀주세요. 닭고기를 뒤집을 때 혼합 채소도 함께 넣어 볶습니다. 뜨거운 물에 담가둔 쌀국수는 물기를 빼서 접시에 나누어 담습니다. 그동안 구운 닭고기를 팬에서 꺼내 도마로 옮겨주세요. 쌀국수와 구운 닭고기에 데리야키 소스를 1큰술씩 뿌립니다. 엑스트라 버진 올리브오일을 약간 뿌려도 좋아요. 팬에 데리야키 소스와 라임즙을 각각 1큰술씩 넣고 볶은 채소와 함께 30초간 버무린 후, 쌀국수에 얹어주세요. 예쁘게 자른 라임 조각과 함께 내가면 완성입니다.

| 열량 | 지방 | 포화지방 | 단백질 | 탄수화물 | 당류 | 나트륨 | 식이섬유 |
|---|---|---|---|---|---|---|---|
| 577kcal | 8.8g | 1.6g | 43.8g | 70.2g | 11.1g | 1.5g | 4.6g |

## 하리사 치킨 디너 HARISSA CHICKEN DINNER

**피스타치오, 토마토, 올리브, 고수 & 쿠스쿠스**

2인분 | 총 17분

다양한 색깔의 토마토 300g

통밀 쿠스쿠스 100g

껍질 벗긴 닭가슴살(150g) 2조각

고수 1/2단 (15g)

껍질을 벗긴 무염 피스타치오 20g

마늘 2쪽

씨 있는 그린 올리브 4개

하리사 소스 2큰술

주전자에 물을 끓이고 코팅된 30cm 프라이팬을 중간보다 센불에 올립니다. 팬에 올리브오일을 살짝 두른 후 토마토를 반으로 잘라 단면이 아래로 향하도록 놓고 4분간 굽습니다. 그사이 볼에 쿠스쿠스를 넣고 끓인 물을 부은 후 뚜껑을 덮어줍니다. 유산지를 깔고 닭가슴살을 놓은 후 소금, 후추로 밑간을 해주세요. 유산지로 닭가슴살을 싼 뒤 밀대로 두드려 1cm 조금 넘는 두께로 납작하게 만듭니다.

구운 토마토를 접시에 옮기고 팬을 빠르고 조심스럽게 닦아냅니다. 다시 기름을 살짝 두른 후 이번엔 닭고기를 3분간 구워주세요. 그동안 고수 잎 몇 장을 따서 구운 토마토에 올리고 나머지 잎과 줄기, 피스타치오는 모두 잘게 다집니다. 마늘은 껍질을 벗겨 편으로 썰어주세요. 그린 올리브는 씨를 제거합니다. 닭고기를 뒤집어서 하리사 소스를 골고루 펴 바른 후 다시 3분간 구워 완전히 익혀주세요. 이때 닭고기 옆에 올리브오일 1큰술, 고수, 피스타치오, 마늘, 올리브를 넣어 볶습니다. 재료들이 노릇해지면 숟가락으로 떠서 닭고기에 뿌려주세요. 잘 익은 쿠스쿠스에 취향껏 간을 한 다음 모두 함께 내가면 완성입니다.

| 열량 | 지방 | 포화지방 | 단백질 | 탄수화물 | 당류 | 나트륨 | 식이섬유 |
|---|---|---|---|---|---|---|---|
| 510kcal | 17.6g | 2.7g | 46.2g | 43g | 7.2g | 1.2g | 7.2g |

## 강황 치킨 베이크 TURMERIC CHICKEN BAKE

밥, 발아 브로콜리, 망고 처트니 & 석류

4인분　|　총 28분

| | |
|---|---|
| 바스마티 쌀(인도산) 1컵 (300g) | 강황 가루 2작은술 |
| 보라색 발아 브로콜리 320g | 레몬 1개 |
| 순살 닭가슴살(150g) 4조각 | 석류 1개 |
| 천연 요거트 수북이 6큰술 | 망고 처트니 수북이 2큰술 |

오븐은 200℃로 예열해 두고 주전자에 물을 끓입니다. 크고 얕은 캐서롤 팬을 센불에 올리고 쌀 1컵, 끓인 물 2컵(600㎖), 소금 한 꼬집을 넣어 5분간 끓여주세요. 그사이 발아 브로콜리를 다듬어 줍니다. 줄기가 두껍다면 세로로 길게 잘라주세요. 그래야 고르게 익힐 수 있습니다. 닭 가슴살을 1cm 두께로 길게 자르고 요거트 3큰술, 강황 가루 1작은술을 얹습니다. 레몬은 반으로 잘라 반쪽은 껍질을 곱게 갈고 나머지 반쪽은 즙을 짠 뒤 간을 맞추고 잘 섞어주세요.

발아 브로콜리를 밥에 올리고 발아 브로콜리 줄기는 가운데, 꽃 부분은 팬의 가장자리에 놓습니다. 재운 닭고기를 팬 중앙에서 가장자리로 원 모양으로 배열해 주세요. 팬을 너무 꽉 채우지는 마세요. 올리브오일 1큰술을 뿌리고 닭고기가 완전히 익을 때까지 오븐에서 15분간 굽습니다. 석류는 반으로 잘라 망고 처트니에 즙을 짜주세요. 석류의 단면이 손바닥에 오도록 잡고 뒤를 두드려 씨를 모두 뺍니다. 망고 처트니, 석류 씨, 남은 요거트를 모두 숟가락으로 떠서 닭고기에 얹어주세요. 예쁘게 자른 레몬 조각과 함께 내가면 완성입니다.

### 채식 버전

닭고기 대신 15분 안에 맛있게 익는 채소들을 사용해 보세요. 아스파라거스, 얇게 썬 주키니 호박, 파프리카, 절인 아티초크 병조림 등 다양하게 응용할 수 있습니다.

| 열량 | 지방 | 포화지방 | 단백질 | 탄수화물 | 당류 | 나트륨 | 식이섬유 |
|---|---|---|---|---|---|---|---|
| 574kcal | 14.6g | 4.7g | 51.8g | 80.8g | 16.7g | 1.8g | 3.8g |

캐서롤 팬

캐서롤 팬

## 페스티브 로스트 치킨 FESTIVE ROAST CHICKEN
허니 베이컨 크럼브, 구운 호박, 밤 그레이비 & 바삭한 세이지

6인분  |  준비 10분 / 조리 2시간

빵 또는 파네토네 2조각 (총 100g)

훈제 베이컨 4줄

익힌 밤 180g

땅콩호박 2개 (각 1.2kg)

적양파 2개

세이지 2단 (총 40g)

통닭(1.5kg) 1마리

묽은 꿀

오븐을 180°C로 예열해 주세요. 크고 얕은 캐서롤 팬에 빵을 찢어 넣습니다. 베이컨도 잘라서 넣어주세요. 밤 몇 알을 부숴 함께 넣은 다음 팬에 올리브오일을 살짝 두르고 센불에 올립니다. 재료가 노릇노릇하고 바삭해질 때까지 종종 저으면서 10분간 구운 후, 푸드 프로세서에 넣고 잠깐 식혀주세요. 그동안 페이스트를 만들어 줍시다. 땅콩호박을 길게 반으로 자르고 씨는 제거합니다. 양파는 껍질을 벗기고 4등분해 주세요. 세이지 잎은 대부분 따서 절구에 넣고 소금을 살짝 뿌려 방망이로 잘 갈아줍니다. 페이스트에 올리브오일과 레드와인 식초도 각각 2큰술씩 넣고 잘 섞은 다음 닭 전체에 꼼꼼하게 문질러주세요. 양파와 남은 밤을 빈 캐서롤 팬에 넣고, 닭고기를 위에 올립니다. 이때 밤은 닭고기 아래에 집어넣어 주세요. 땅콩호박의 단면이 위로 오도록 해서 팬을 오븐의 아래쪽 선반에 넣습니다. 닭고기가 완전히 익을 때까지 1시간 20분 동안 구워주세요.

팬을 꺼내 닭고기를 큰 쟁반으로 옮기고 식힙니다. 남은 세이지 잎에 올리브오일을 약간 문지른 다음 구운 땅콩호박에 올려줍니다. 그리고 오븐에 다시 넣어 30분간 두세요. 닭고기에는 꿀을 넉넉히 발라줍니다. 푸드 프로세서에 넣어 식힌 빵과 베이컨, 밤을 곱게 블렌딩해서 닭고기에 골고루 뿌려 두드려 주세요. 주전자에 물을 끓여주세요. 팬의 남은 재료를 푸드 프로세서에 넣고 끓는 물 300㎖를 추가한 후 부드러워질 때까지 블렌딩합니다. 내용물을 팬에 붓고 원하는 농도가 될 때까지 보글보글 끓인 다음 취향껏 간을 맞춰주세요. 땅콩호박을 도마로 옮기고 그레이비를 듬뿍 뿌려 드시면 됩니다.

| 열량 | 지방 | 포화지방 | 단백질 | 탄수화물 | 당류 | 나트륨 | 식이섬유 |
|---|---|---|---|---|---|---|---|
| 601kcal | 30.6g | 7.8g | 37g | 46.6g | 20.8g | 1g | 4.9g |

간편하고 다재다능하며 빠르게 요리할 수 있는 달걀은

아침에도, 브런치에도, 점심에도, 저녁에도

항상 든든한 재료죠.

이 챕터가 유용하길 바랍니다.

달걀의 즐거움

로스팅 트레이

## 자이언트 요크셔 푸딩 GIANT YORKSHIRE PUDDING
브리 & 달콤한 구운 포도, 대파 & 타라곤

4인분  |  준비 15분 / 조리 40분

일반 밀가루 150g

큰 달걀 4개

저지방 우유 150ml

대파 1단

다양한 씨 없는 포도 320g

브리 치즈 50g

디종 머스터드 1/2작은술

타라곤 1/2단 (10g)

오븐을 220°C로 예열해 주세요. 25cm×35cm 크기의 오븐용 트레이에 올리브오일 1큰술을 두르고 오븐에 넣어 데워줍니다. 밀가루를 볼에 넣고 소금을 한 꼬집 넣어주세요. 여기에 달걀 4개를 깨서 넣고 충분히 휘저어 줍니다. 저지방 우유 150㎖와 물 50㎖를 천천히 넣으면서 부드러운 반죽이 될 때까지 빠르게 계속 휘저어 주세요. 오븐에서 트레이를 꺼내 조심스럽게 반죽을 붓습니다. 다시 오븐에 넣어 20분간 구워줄게요. 중간에 오븐 문을 열면 안됩니다!

그동안 대파를 다듬어 4cm 길이로 썰어줍니다. 포도 알맹이를 따고 브리 치즈를 얇게 잘라줍니다. 오븐에서 트레이를 꺼내 커다란 요크셔 푸딩을 도마로 옮겨주세요. 빈 오븐용 트레이에 대파와 포도를 조심스럽게 올려주고 소금과 후추로 간을 한 다음 다시 오븐에 넣습니다. 살짝 노릇해지고 부드러워질 때까지 15분간 구워주세요. 다시 트레이를 꺼내 안에 있는 내용물을 푸딩 위로 옮겨줍니다. 트레이가 뜨거우니 조심스럽게 닦아낸 다음, 속을 채운 푸딩을 다시 들어올려 트레이로 옮겨줍니다. 얇게 썬 브리 치즈를 여기저기에 놓고 다시 오븐에 넣어 5분간 더 구워줍니다. 디종 머스터드에 엑스트라 버진 올리브오일과 레드와인 식초를 약간 넣고 섞은 다음 타라곤 잎을 따서 간을 해줍니다. 요크셔 푸딩 위에 뿌려 나가면 완성입니다.

### 레시피 레벨 업
클래식 샌드위치 조합인 브리 치즈와 포도를 새롭게 재해석했습니다. 풍미를 높이기 위해 오븐에서 구운 후 자이언트 요크셔 푸딩에 넣었어요. 잘 싸서 돌돌 말아 맛있게 드세요.

| 열량 | 지방 | 포화지방 | 단백질 | 탄수화물 | 당류 | 나트륨 | 식이섬유 |
|---|---|---|---|---|---|---|---|
| 368kcal | 15.6g | 5.1g | 15.6g | 44.8g | 16g | 1g | 2.2g |

프라이팬

## 맛있는 채소 토르티야 TASTY VEGGIE TORTILLA

파슬리, 아삭한 사과 & 블랙 올리브 타프나드 페이스트

4~6인분  |  총 45분

| | |
|---|---|
| 감자 600g | 큰 달걀 8개 |
| 마늘 8쪽 | 사과 2개 |
| 양파 1개 | 파슬리 2줄기 |
| 다양한 색 파프리카 2개 | 블랙 올리브 타프나드 페이스트 4~6작은술 |

28cm의 코팅된 프라이팬을 중불에 올립니다. 감자는 껍질을 벗기고 세로로 4등분한 다음, 3mm 두께로 잘라줍니다. 팬에 올리브오일 150㎖를 두르고 감자를 넣어주세요. 마늘은 껍질을 벗기고 잘게 썰어줍니다. 양파도 껍질을 벗겨주세요. 파프리카는 속을 파내 씨를 제거합니다. 양파와 파프리카 모두 감자와 비슷한 크기로 썰어 잘게 썬 마늘과 함께 팬에 넣습니다. 소금과 후추도 조금 뿌려주세요. 팬뚜껑을 덮고 10분간 튀기면서, 중간중간 뚜껑을 열어 가끔 뒤적여 주세요. 10분이 지나면 뚜껑을 열고 3분간 더 조리합니다. 살짝 노릇노릇해지면서 감자가 완전히 익을 거예요. 이제 팬에 들어 있던 내용물들을 체에 조심스럽게 옮겨 물기를 제거합니다. 팬은 중약불에 다시 올려주세요.

큰 볼에 달걀 8개를 풀고 소금과 후추를 약간 넣어 잘 섞어주세요. 그런 다음 물기가 제거된 채소를 넣고 저어줍니다. 팬에 약간의 올리브오일을 뿌린 다음 계란 혼합물을 부어주세요. 8분간 익힌 후 고무 주걱을 사용해 가장자리를 팬과 분리해 주세요. 팬 위에 접시를 놓고 토르티야를 조심스럽게 뒤집은 다음 다시 팬에 넣어 반대쪽도 5분간 익힙니다. 그동안 사과를 잘게 썰고 파슬리 잎을 따서 엑스트라 버진 올리브오일과 레드와인 식초를 약간 뿌려 드레싱합니다. 타프나드를 좀 더 풀어주고 싶다면 엑스트라 버진 올리브오일을 조금 더 넣어주세요. 타프나드와 드레싱한 사과를 토르티야 조각에 예쁘게 얹어 내가면 완성입니다.

| 열량 | 지방 | 포화지방 | 단백질 | 탄수화물 | 당류 | 나트륨 | 식이섬유 |
|---|---|---|---|---|---|---|---|
| 624kcal | 43.7g | 7.7g | 19.5g | 41.9g | 14.2g | 1.1g | 5.7g |

> 프라이팬

## 매운 감자 번 SPICED POTATO BUNS
### 포파덤을 넣은 계란, 적양파, 토마토 & 고수

4인분  |  총 40분

| | |
|---|---|
| 감자 300g | 티카 마살라 커리 페이스트 수북이 1큰술 |
| 적양파 1개 | 버거 번 4개 |
| 잘 익은 토마토 2개 | 달걀 3개 |
| 고수 1/2단 (15g) | 포파덤 2개 |

주전자에 물을 끓여주세요. 감자는 문질러 씻고, 양파는 껍질을 벗긴 후 가로세로 1cm 크기로 썰어줍니다. 30cm의 코팅된 프라이팬에 감자와 양파를 넣고 센불에 올려주세요. 팬에 끓는 물을 붓고 뚜껑을 덮어 10분간 끓이면 재료가 부드러워질 거예요. 그동안 토마토를 4등분하여 씨를 제거한 다음 대강 잘라주세요. 고수는 이파리 몇 개를 떼어내 줍니다. 마지막에 장식용으로 사용할 거예요. 남은 고수 이파리도 대강 잘라주고, 고수 줄기는 잘게 썰어 준비합니다. 팬으로 다시 돌아가보죠. 불을 끄고 감자와 양파를 꺼내 물기를 뺀 다음 팬에 다시 넣어주세요. 커리 페이스트를 팬에 넣어 감자와 양파를 으깨면서 섞어줍니다. 토마토 조각과 손질한 고수 줄기를 넣고 잘 섞은 다음 취향에 맞게 간을 맞춰주세요. 버거 번 4개를 모두 반으로 잘라 위쪽 번과 아래쪽 번 사이에 섞어둔 속재료를 넣어줄 겁니다. 감자 매시의 양이 비슷하도록 잘 나눠서 넣어주세요. 그러고 나서 팬을 잘 닦아줍니다.

크고 얕은 볼에 달걀 3개를 풀고 휘저어 섞은 다음 살짝 간을 해 주세요. 포파덤을 잘게 부숴 넣어줍니다. 감자 매시로 속을 채운 번을 달걀 혼합물에 부드럽게 담그고 잘 코팅될 때까지 뒤집어 줍니다. 밖으로 삐져나온 속은 다시 안으로 밀어 넣어주세요. 팬을 중불에 올리고 팬이 뜨거워지면 올리브오일 1큰술을 둘러줍니다. 팬에 번을 모두 올린 다음 남은 달걀 혼합물은 숟가락으로 떠서 번 위에 올려주세요. 번을 뒤집개로 눌러줍니다. 앞뒷면 모두 몇 분간 구워 번을 노릇하게 구워주고, 달걀도 잘 익혀주세요. 번을 팬 가장자리로 밀어 옆면도 노릇하게 구워줍니다. 장식용으로 남겨뒀던 고수 잎을 뿌려서 맛있게 드세요!

| 열량 | 지방 | 포화지방 | 단백질 | 탄수화물 | 당류 | 나트륨 | 식이섬유 |
|---|---|---|---|---|---|---|---|
| 341kcal | 11.2g | 2.1g | 12.6g | 46.8g | 8.6g | 1.3g | 4.2g |

프라이팬

## 머쉬룸 샥슈카 MUSHROOM SHAKSHUKA

초리조, 부드러운 콩, 달콤한 토마토, 톡 쏘는 페타 & 파슬리

2인분 ㅣ 총 15분

밤버섯 250g

초리조 10g

이탈리안 파슬리 1/2단 (15g)

카넬리니 콩 통조림(400g) 1통

다양한 색깔의 방울토마토 100g

달걀 4개

페타 치즈 20g

버섯의 대와 밑동을 잘라내어 예쁜 단면이 보일 수 있도록 만들어주고, 대와 밑동은 따로 보관합니다(121쪽 사진에서 보이는 것처럼요!). 28cm 프라이팬을 중간보다 센불에 올려 올리브오일을 살짝 두르고 버섯을 올려줍니다. 버섯의 대가 있던 부분이 아래로 향하도록 해주세요. 초리조를 잘게 다진 다음 팬에 넣고, 버섯을 손질하고 남은 대와 밑동도 함께 넣어줍니다. 파슬리는 장식용으로 쓸 잎을 조금 남기고, 줄기와 잎을 잘게 다져 넣어주세요. 중간중간 섞어주면서 버섯이 노릇해질 때까지 조리합니다.

카넬리니 통조림을 열어 콩을 팬에 넣어주세요. 통조림에 든 국물도 절반을 부어주고, 콩을 포크로 으깨어 더 부드러운 식감이 되도록 합니다. 토마토를 반으로 잘라 넣고 간을 맞춘 다음 팬 바닥에 틈을 만들어 달걀을 깨뜨려 넣어줍니다. 뚜껑을 덮고 달걀이 원하는 만큼 익을 때까지 중불에서 3분간 조리합니다. 페타 치즈를 잘게 부숴 뿌려주고 장식용으로 남겨놓은 파슬리 잎과 후추도 뿌려줍니다. 취향에 따라 엑스트라 버진 올리브오일을 둘러 마무리해도 좋습니다. 통밀 토스트와 함께 먹어도 정말 맛있어요.

### 채식 버전

초리조를 훈제 파프리카로 바꿔서 요리해 보세요.

| 열량 | 지방 | 포화지방 | 단백질 | 탄수화물 | 당류 | 나트륨 | 식이섬유 |
|---|---|---|---|---|---|---|---|
| 338kcal | 17.9g | 5.5g | 25.8g | 15.6g | 2.6g | 0.9g | 10.2g |

프라이팬

## 가지 샥슈카 AUBERGINE SHAKSHUKA

검은콩, 라스 엘 하누트, 염소 치즈, 고추 & 고수

2인분 | 총 23분

가지 1개 (250g)　　　　　　라스 엘 하누트
적양파 1개　　　　　　　　검은콩 통조림 1통(400g)
홍고추 1개　　　　　　　　달걀 4개
고수 1/2단 (15g)　　　　　　염소 치즈 20g

주전자에 물을 끓여주세요. 가지를 다듬어 6등분으로 두껍게 자릅니다. 양파는 껍질을 벗기고 4등분한 다음 한 겹 한 겹 분리해 주세요. 고추도 두껍게 썰어줍니다. 고수는 잎을 따서 따로 남겨두고 줄기만 잘게 썰어주세요. 28cm 프라이팬을 중간보다 센불에 올려 올리브오일을 살짝 두르고 손질한 가지, 양파, 고추, 고수 줄기를 넣습니다. 소금과 라스 엘 하누트도 각각 한 꼬집씩 넣어주세요. 끓인 물 150㎖를 부어주고, 뚜껑을 덮어 10분간 조리합니다.

뚜껑을 열고 남은 액체가 모두 날아가도록 끓여주세요. 내용물이 전부 끓고 노릇해지기 시작하면 가지를 뒤집어 줍니다. 콩을 숟가락으로 떠서 가지 주변에 뿌리고, 통조림 국물도 절반쯤 뿌려주세요. 보글보글 끓기 시작하면 취향에 맞게 간을 맞춘 다음 팬 바닥에 틈을 만들어 달걀을 깨뜨려 넣습니다. 뚜껑을 덮고 달걀이 원하는 만큼 익을 때까지 중불에서 3분간 익혀주세요. 라스 엘 하누트 몇 꼬집을 조금 뿌려주세요. 염소 치즈를 으깨어 뿌린 다음 남겨둔 고수 잎과 엑스트라 버진 올리브오일로 마무리합니다. 통밀 토스트와 함께 먹어도 정말 맛있어요.

| 열량 | 지방 | 포화지방 | 단백질 | 탄수화물 | 당류 | 나트륨 | 식이섬유 |
|---|---|---|---|---|---|---|---|
| 364kcal | 17g | 5.3g | 25.5g | 24g | 9g | 1.1g | 18.6g |

프라이팬

## 그린 샥슈카 GREEN SHAKSHUKA

부드러운 아스파라거스 & 브로콜리, 민트, 하리사 & 커드

2인분 | 총 18분

아스파라거스 1/2단 (175g)
브로콜리 1/2개 (175g)
감자 1개 (175g)
마늘 1쪽

하리사 소스 2작은술
달걀 4개
코티지 치즈 2큰술
민트 가지 2줄기

주전자에 물을 끓여주세요. 28cm 프라이팬을 중간보다 센불에 올립니다. 아스파라거스의 단단한 밑동을 잘라낸 다음 줄기는 가늘게 썰고 꽃 부분은 온전하게 살릴게요. 브로콜리를 다듬어 줄기 부분은 얇게 자르고 꽃 부분은 한 입 크기로 찢어줍니다. 올리브오일을 살짝 두른 팬에 손질한 브로콜리와 아스파라거스의 줄기 부분을 넣고 중간중간 섞어주세요. 감자는 껍질을 벗기고 채썰기를 한 후 팬에 넣습니다. 마늘도 껍질을 벗기고 얇게 썰어 넣어주세요. 5분간 볶은 다음 하리사 소스 1작은술과 끓인 물 300㎖를 넣어줍니다.

거품이 끓어오르고 팬에 국물이 0.5cm 높이 정도 남을 때까지 졸입니다. 취향에 맞게 간을 맞춘 다음 브로콜리의 꽃 부분을 팬에 조심스럽게 넣어줍니다. 뚜껑을 덮고 3분간 익혀주세요. 아스파라거스 끝부분을 추가한 다음 팬 바닥에 틈을 만들어 달걀을 깨뜨려 넣습니다. 뚜껑을 덮고 달걀이 원하는 만큼 익을 때까지 중불에서 3분간 익혀주세요. 코티지 치즈를 덩어리로 올리고 남은 하리사 소스를 숟가락으로 떠서 올려줍니다. 민트 잎도 뜯어서 올려주세요. 기호에 따라 후추 한 꼬집과 엑스트라 버진 올리브오일을 살짝 뿌려 마무리합니다. 통밀 토스트와 함께 먹어도 정말 맛있어요.

| 열량 | 지방 | 포화지방 | 단백질 | 탄수화물 | 당류 | 나트륨 | 식이섬유 |
|---|---|---|---|---|---|---|---|
| 333kcal | 17.9g | 5.6g | 23.4g | 22.8g | 5.1g | 0.7g | 5.9g |

프라이팬

## 펜넬 & 정어리 샥슈카 FENNEL & SARDINE SHAKSHUKA

즙이 가득한 방울토마토, 쿠스쿠스, 레몬 & 올리브

2인분  |  총 21분

펜넬 1통 (175g)

기름에 절인 정어리 통조림(125g) 1통

다양한 색깔의 방울토마토 400g

쿠스쿠스 50g

달걀 4개

다양한 색깔의 씨 있는 올리브 4개

레몬 1/2개

주전자에 물을 끓여주세요. 펜넬에서 잎이 많은 윗부분은 따로 남기고, 나머지 부분은 잘 다듬어 얇게 썰어주세요. 28cm 프라이팬을 중간보다 센불에 올리고 정어리 통조림에 들어 있는 기름을 살짝 뿌립니다. 중간중간 뒤적이면서 5분간 볶아주세요. 토마토를 반으로 잘라 팬에 넣습니다. 2분간 더 뒤적여 준 뒤 끓인 물 150㎖를 넣고 뚜껑을 덮어 5분간 익혀줍니다. 취향에 맞게 간을 맞추고 쿠스쿠스를 넣어 잘 섞어주세요. 팬 바닥에 틈을 만들어 달걀을 깨뜨려 넣은 다음 그린 올리브를 짜내어 씨앗을 제거하고 대강 찢어 넣어주세요. 뚜껑을 덮고 달걀이 원하는 만큼 익을 때까지 중불에서 3분간 익힙니다.

팬에 정어리를 찢어서 넣어주고, 따로 남겨둔 펜넬의 윗부분도 뿌려줍니다. 원하는 경우 엑스트라 버진 올리브오일을 뿌려 마무리하고 예쁘게 자른 레몬 조각과 함께 내가면 됩니다. 매운맛을 좋아하면 칠리소스를 곁들이세요.

| 열량 | 지방 | 포화지방 | 단백질 | 탄수화물 | 당류 | 나트륨 | 식이섬유 |
|---|---|---|---|---|---|---|---|
| 465kcal | 23.8g | 5.6g | 33.3g | 33.5g | 7.9g | 1.3g | 6.2g |

> 프라이팬

## 병아리콩 샥슈카 CHICKPEA SHAKSHUKA

캐슈너트, 대파, 데친 시금치 & 요거트

2인분 | 총 13분

무염 캐슈너트 30g

대파 1단

코르마 커리 페이스트 수북이 2작은술

병아리콩 통조림 1통(400g)

코코넛 크림 1큰술

베이비 시금치 100g

달걀 4개

천연 요거트 2큰술

캐슈너트를 28cm 프라이팬에 넣고 중간보다 센불에 올립니다. 대파를 다듬은 다음 2cm 길이로 썰어 커리 페이스트와 함께 팬에 넣어주세요. 중간중간 섞어주면서 재료가 살짝 노릇해질 때까지 5분 동안 익히세요. 통조림에 든 병아리콩과 국물을 모두 부어줍니다. 코코넛 크림도 넣어주세요. 시금치를 넣고 잘 섞어준 다음 보글보글 끓으면 포테이토 매셔를 이용하여 병아리콩의 반 정도를 으깨줍니다. 취향에 맞게 간을 한 다음 팬 바닥에 틈을 만들어 달걀을 깨뜨려 넣어주세요. 뚜껑을 덮고 달걀이 원하는 만큼 익을 때까지 중불에서 3분간 익혀줍니다.

작은 요거트 한 덩이를 올리고 후추를 약간 뿌린 뒤, 취향에 따라 엑스트라 버진 올리브오일을 살짝 뿌려 마무리합니다. 통밀 토스트와 함께 먹어도 좋습니다.

| 열량 | 지방 | 포화지방 | 단백질 | 탄수화물 | 당류 | 나트륨 | 식이섬유 |
|---|---|---|---|---|---|---|---|
| 443kcal | 26.1g | 7.3g | 26.5g | 26.7g | 6.2g | 0.8g | 6.6g |

프라이팬

## 스파게티 프리타타 SPAGHETTI FRITTATA

달콤한 주키니 호박, 완두콩, 민트, 모차렐라 & 파르메산

6인분　|　총 51분

주키니 호박 2개

마늘 4쪽

냉동 완두콩 300g

스파게티 200g

민트 1단 (30g)

파르메산 치즈 60g

큰 달걀 8개

모차렐라 치즈볼 1개(125g)

오븐을 220°C로 예열해 주세요. 코팅된 28cm 오븐용 프라이팬을 중불에 올립니다. 주키니 호박을 다듬어 1cm 두께로 길게 자른 다음 다시 1cm 크기로 깍둑썰기를 합니다. 마늘은 껍질을 벗기고 잘게 다져주세요. 주키니 호박과 마늘을 팬에 넣고 올리브오일 1큰술을 둘러 부드러워질 때까지 10분간 조리합니다. 중간중간 뒤적여 주는 것도 잊지 마세요. 주전자에 물을 끓인 뒤 냉동 완두콩을 팬에 넣어 잘 섞어줍니다. 소금과 후추로 간을 한 후 스파게티 면을 넣어주세요. 끓인 물 500㎖를 부어 뚜껑을 덮고 10분간 익혀줍니다.

그동안 민트 잎을 따서 잘게 다지고, 파르메산 치즈는 곱게 갈아주세요. 큰 볼을 꺼내 민트 잎과 파르메산 치즈를 넣어줍니다. 달걀을 풀고 포크로 잘 섞은 다음 간을 해 줍니다. 모차렐라 치즈를 잘게 찢어 넣어줍니다. 스파게티 면이 물을 모두 흡수하면 뚜껑을 열어 팬의 내용물을 달걀물에 넣어주세요. 잘 섞은 다음 다시 팬에 붓고, 예열해 두었던 오븐에 넣어 20분간 구워줍니다. 조심스럽게 꺼내서 바로 드셔도 좋고, 식힌 다음에 드셔도 좋습니다. 뜨거울 때도, 따뜻할 때도, 차가울 때도 정말 맛있어요. 상큼한 그린 샐러드와도 궁합이 좋습니다.

| 열량 | 지방 | 포화지방 | 단백질 | 탄수화물 | 당류 | 나트륨 | 식이섬유 |
|---|---|---|---|---|---|---|---|
| 396kcal | 19.3g | 7.8g | 25.6g | 33.4g | 4g | 1g | 4.1g |

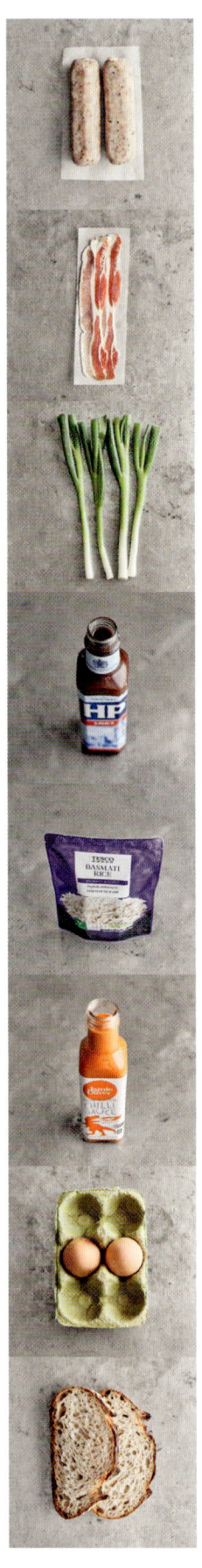

프라이팬

## 기운을 차리게 하는 칠리 에그 프라이 PICK-ME-UP CHILLI FRIED EGGS

밥, 소시지, 베이컨, 대파, HP 소스 & 토스트 솔져스(토스트와 달걀 조합)

2인분 | 총 15분

돼지고기 생소시지 2개       즉석밥 1개(250g)
훈제 베이컨 2줄            칠리소스 3큰술
대파 4개                  달걀 2개
HP 소스 1큰술             사워도우 빵 2조각

코팅된 30cm 프라이팬을 중간보다 센불에 올립니다. 소시지를 짜서 껍질과 고기를 분리하고 고기만 팬에 넣습니다. 베이컨은 대강 잘라서 넣어주세요. 중간중간 섞어주면서 숟가락으로 소시지 고기를 잘게 부수고 노릇해질 때까지 익혀주세요. 대파를 다듬어 1cm 길이로 썰어줍니다. 대파와 HP 소스를 팬에 넣어주세요. 불 위에서 2분간 잘 섞은 뒤 밥을 넣어줍니다. 계속해서 2분간 섞은 다음 팬 한쪽으로 밥을 밀어주세요. 칠리소스를 숟가락으로 떠서 넣고, 팬 바닥에 틈을 만들어 달걀을 깨뜨려 넣어주세요. 뚜껑을 덮고 달걀이 원하는 만큼 익을 때까지 기다리며 사워도우 빵을 구워줍니다. 계란이 다 익으면 그 위에 후추를 뿌리고, 토스트는 길쭉하게 잘라 테이블 중앙에 놓아주면 됩니다. 맛있게 드세요!

### 채식 버전

소시지 대신 얇게 썰거나 잘게 부순 야채 소시지를, 베이컨 대신 다진 버섯을 넣어주세요. 올리브 오일도 살짝 뿌려주세요.

| 열량 | 지방 | 포화지방 | 단백질 | 탄수화물 | 당류 | 나트륨 | 식이섬유 |
|---|---|---|---|---|---|---|---|
| 555kcal | 21.4g | 6.1g | 25.1g | 67.8g | 5.6g | 2g | 0.7g |

빵이나 번에는 뭘 넣어도 모두가 열광하죠.

미소 지을 수밖에 없는 맛과 식감으로,

제가 가장 좋아하는 조합입니다.

# 버거 & 토스트

> 프라이팬

## 꽉 찬 비프 버거 LOADED BEEFBURGER

촉촉하게 녹아내린 치즈, 달콤한 파프리카, 머스터드 & 피클

4인분  |  총 28분

다진 쇠고기 400g

익힌 렌틸콩 1봉지 (250g)

베이비 코니숑 & 절인 양파 혼합 50g

체더 치즈 100g

구운 파프리카 큰 통조림 1통

디종 머스터드 2큰술

버거 번 4개

푸드 프로세서에 다진 쇠고기 400g과 렌틸콩 1봉지 전부 그리고 코니숑과 양파 절반을 넣고 후추를 살짝 뿌려 잘 섞일 때까지 갈아줍니다. 큰 유산지를 깔고 깨끗한 손으로 재료를 4등분하여 그 위에 놓습니다. 그다음 지름 15cm 크기의 반죽 네 개를 만들어 주세요. 코팅된 30cm 프라이팬을 중간보다 센불에 올립니다. 체더 치즈는 갈고, 남은 코니숑과 양파를 피망과 함께 얇게 썰어주세요. 체더 치즈와 코니숑, 양파, 파프리카를 모두 4등분하여 반죽의 각 중앙에 얹어줍니다. 고기의 바깥쪽을 속재료 위로 들고 접어서 밀봉한 다음(만두처럼) 가볍게 두드려 3cm 두께의 패티를 만들어 주세요. 각각의 패티에 올리브오일을 바르고 달군 팬에서 모든 면을 1분씩 익혀줍니다. 솔을 이용해 머스터드를 바르고 1분간 더 익힌 다음 뒤집기를 반복합니다. 패티를 팬 가장자리 쪽으로 밀어서 옆면도 노릇하게 구워주세요.

번을 반으로 자르고 사이에 패티를 넣어줍니다. 이제 가장 중요한 부분입니다. 각 버거를 반으로 자르고 단면을 팬에서 30초 동안 구워 노릇노릇하게 완전히 익힙니다. 신선한 그린 샐러드와 함께 드시면 좋습니다.

### 재료 꿀팁

렌틸콩을 더 추가하면 고기를 적게 사용해도 속재료가 풍성한 버거를 만들 수 있습니다. 좋아하는 재료로 자유롭게 버거 속을 채워주세요.

| 열량 | 지방 | 포화지방 | 단백질 | 탄수화물 | 당류 | 나트륨 | 식이섬유 |
|---|---|---|---|---|---|---|---|
| 717kcal | 33.2g | 13.5g | 42.3g | 61.1g | 9.2g | 2.3g | 2.7g |

## 꽉 찬 베지 버거 LOADED VEGGIE BURGER

혼합 곡물, 레드 레스터 치즈, 마마이트, 머스터드 & 피클

4인분　|　총 33분

익힌 혼합 곡물 2봉지 (250g)

마마이트(이스트 추출물) 1작은술

일반 밀가루 2큰술 * 반죽에 뿌릴 여분 필요

베이비 코니숑 & 절인 양파 혼합 50g

큰 달걀 5개

레드 레스터 치즈 100g

아메리칸 머스터드 2큰술

버거 번 4개

푸드 프로세서에 혼합 곡물, 마마이트, 밀가루를 넣고 코니숑과 양파는 절반씩 넣어줍니다. 달걀 1개와 약간의 후추도 넣어주세요. 모든 재료가 하나로 섞일 때까지 아주 곱게 블렌딩합니다. 큰 유산지를 깔고 밀가루를 뿌린 다음 깨끗한 손으로 재료를 4등분하여 그 위에 놓습니다. 그다음 지름 15cm 크기의 반죽 네 개를 만듭니다. 코팅된 30cm 프라이팬을 중간보다 센불에 올려주세요. 레드 레스터 치즈는 갈고, 남은 코니숑과 양파를 얇게 썬 다음 4등분으로 나눠 반죽의 각 중앙에 얹어줍니다. 마마이트를 좋아한다면 속재료에 추가로 뿌려주세요. 고기의 바깥쪽을 위로 들어 올려서 속재료를 감싼 뒤 눌러서 모양을 잡아줍니다. 젖은 손으로 가볍게 두드려 3cm 두께의 패티를 만들어 주세요. 각각의 패티에 올리브오일을 바른 후 달군 팬에서 모든 면을 1분 30초씩 익혀줍니다. 솔을 이용해 머스터드를 바르고, 1분간 더 익힌 다음 뒤집기를 반복합니다. 패티를 팬 가장자리 쪽으로 밀어서 옆면도 노릇하게 구워주세요.

번을 반으로 자르고 사이에 패티를 넣어줍니다. 그리고 이제 가장 중요한 부분입니다. 각 버거를 반으로 자른 단면을 팬에서 30초 동안 구워 맛있는 즙이 배어 나올 때까지 노릇노릇 익힙니다. 팬을 닦아낸 뒤 불에 올린 다음 오일을 뿌리고, 달걀을 좋아하는 만큼 익혀서 찍어 드세요. 샐러드와도 잘 어울립니다.

| 열량 | 지방 | 포화지방 | 단백질 | 탄수화물 | 당류 | 나트륨 | 식이섬유 |
|---|---|---|---|---|---|---|---|
| 738kcal | 27.9g | 9.9g | 23.6g | 86.8g | 5.4g | 2.9g | 8.8g |

프라이팬

## 옥수수 프리터 SWEETCORN FRITTERS

커드, 고추, 대파, 샐러드 잎 & 번

4인분  |  총 16분

옥수수 통조림 1통 (325g)  대파 2개

팽창제 혼합 밀가루 수북이 2큰술  홍고추 1-2개

코티지 치즈 수북이 5큰술  통밀 번 4개

큰 달걀 2개  샐러드(물냉이, 시금치, 루콜라 혼합)(80g) 1/2봉지

코팅된 30cm 프라이팬을 중간보다 센불에 올리세요. 옥수수 통조림의 국물을 따라내고 키친타월이나 깨끗한 마른 행주로 물기를 제거한 후 볼에 넣습니다. 밀가루 2큰술과 코티지 치즈 1큰술도 볼에 넣어 줄게요. 달걀을 깨서 풀고 소금과 후추를 약간 넣어 잘 섞어줍니다. 달군 팬에 올리브오일을 두른 다음 반죽을 숟가락으로 떠서 네 덩어리로 올려줍니다. 그런 다음 모두 번과 같은 크기로 넓게 펴주세요. 4분간 구워준 후, 뒤집어서 눌러주고 다시 또 4분간 구워주면 양면이 모두 노릇해질 거예요. 그동안 소스를 만들어 봅시다. 파를 다듬고 고추 씨를 제거한 다음 모두 얇게 썰어 작은 볼에 넣습니다. 레드와인 식초 2큰술을 넣고 잘 섞어주세요.

번을 반으로 자릅니다. 잘 구워진 프리터를 쌓아 올리고 번을 빠르게 구워줍니다. 나머지 코티지치즈를 4등분해서 번의 단면에 펴 바른 다음 프리터를 얹어줍니다. 물냉이, 시금치, 루콜라를 나눠서 올린 다음 대파와 고추의 물기를 빼고 넉넉히 뿌려줍니다. 프리터의 단맛이 튀김의 뜨거움을 잠재워 줄 거예요. 속재료 위에 남은 번을 덮고 함께 뭉쳐서 맛있게 드세요.

| 열량 | 지방 | 포화지방 | 단백질 | 탄수화물 | 당류 | 나트륨 | 식이섬유 |
|---|---|---|---|---|---|---|---|
| 312kcal | 9g | 3.3g | 15.3g | 41.1g | 6.6g | 1.5g | 4.8g |

프라이팬

## 피리피리 크리스피 치킨 번 PIRI PIRI CRISPY CHICKEN BUNS
절인 오이, 딜, 할라페뇨 & 사워크림

2인분 | 총 14분

순살 닭다리 2개

피리피리(고추) 소스 4작은술

글루텐 프리 팽창제 혼합 밀가루 수북이 1큰술

오이 1/4개

딜 1/2단 (10g)

그린 할라페뇨 조각 8개

버거 번 2개

사워크림 2큰술

코팅된 30cm 프라이팬을 중간보다 센불에 올립니다. 닭고기를 1cm 두께의 조각으로 썰어 피리피리 소스 2작은술과 섞고, 밀가루 1큰술을 넣어 다시 버무려 줍니다. 달군 팬에 올리브오일을 두르고 코팅된 닭고기를 올립니다. 닭고기가 노릇하게 완전히 익을 때까지 중간중간 뒤집어 가며 8분간 굽습니다.

그동안 스피드 필러(감자칼)를 사용하여 오이를 길게 벗겨 볼에 담습니다. 딜 잎을 따서 넣고 할라페뇨와 할라페뇨 병에 담긴 국물도 조금 넣어 잘 섞어준 뒤 취향에 맞게 간을 맞춥니다. 번을 반으로 잘라 닭고기와 함께 가볍게 굽고, 사워크림을 4등분해서 번의 단면에 펴 발라주세요. 바삭한 닭고기를 올리고 남은 피리피리 소스를 뿌려줍니다. 오이절임도 올려주세요. 그다음 속재료 위에 남은 번을 덮고 맛있게 먹습니다.

| 열량 | 지방 | 포화지방 | 단백질 | 탄수화물 | 당류 | 나트륨 | 식이섬유 |
|---|---|---|---|---|---|---|---|
| 382kcal | 13.4g | 4g | 22.8g | 42g | 5.7g | 1.8g | 2.2g |

프라이팬

## 가지 파르미지아나 버거 AUBERGINE PARMIGIANA BURGER

파르메산, 햇볕에 말린 토마토, 바질 & 버팔로 모차렐라 치즈

2인분  |  총 15분

큰 가지 1개 (400g)

큰 달걀 1개

파르메산 치즈 30g

버팔로 모차렐라 치즈볼 1개 (125g)

햇볕에 말린 토마토 2병

바질 2줄기

버거 번 2개

코팅된 30cm 프라이팬을 중간보다 센불에 올립니다. 가지를 세로로 길게 잘라 2cm 두께로 2등분하세요(나머지는 다른 요리를 위해 잘 보관해 둡니다). 소금으로 밑간을 해 준 뒤 가지 조각을 마른 팬에 올려 앞뒤로 3분씩 구워주세요. 그동안 얕은 볼에 달걀을 풀어줍니다. 파르메산 치즈는 도마 위에 곱게 갈고, 모차렐라 치즈는 물기를 빼고 썰어줍니다. 병에 든 토마토를 대강 자르고 바질 잎을 땁니다.

그을린 가지 조각을 달걀물에 담가 잘 코팅한 뒤, 파르메산 치즈 위에 놓고 치즈가 잘 붙도록 두드려 줍니다. 달군 팬에 올리브오일을 살짝 두른 다음 코팅한 가지 조각을 1분 30초간 튀깁니다. 가지 조각을 뒤집어 모차렐라 치즈, 햇볕에 말린 토마토를 올려줍니다. 바질 잎은 장식용으로 몇 개 빼두고 올려주세요. 가지 조각을 반으로 접어 노릇해질 때까지 30초마다 뒤집어 굽습니다. 이 가지 버거를 접시에 옮겨주세요. 번을 반으로 잘라 뜨거운 팬에 빠르게 구운 다음, 번의 단면에 가지를 쌓고 남은 바질 잎을 얹은 후 남은 번으로 덮고 맛있게 먹습니다.

| 열량 | 지방 | 포화지방 | 단백질 | 탄수화물 | 당류 | 나트륨 | 식이섬유 |
|---|---|---|---|---|---|---|---|
| 604kcal | 30.1g | 14.6g | 22.6g | 53.1g | 7.7g | 2.5g | 10.6g |

프라이팬

## 크리스피 피시 번 CRISPY FISH BUNS
### 새우 칵테일, 레몬 & 리틀 젬 양상추

2인분  |  총 14분

글루텐 프리 팽창제 혼합 밀가루 50g

레몬 1개

흰살 생선 필레 2조각 (100g)

토마토 케첩 1큰술

저지방 마요네즈 2큰술

껍질을 벗겨 익힌 작은 새우 100g

리틀 젬 양상추 1통

버거 번 2개

---

코팅된 30cm 프라이팬을 중간보다 센불에 올리고, 그릇을 하나 꺼냅니다. 밀가루를 볼에 넣고 레몬 껍질을 반 정도 곱게 갈아 넣은 다음 소금과 후추를 약간 넣어주세요. 약 75㎖ 정도의 물을 부어 잘 저어 섞어줍니다. 반죽은 숟가락 뒷면에 붙을 정도로 걸쭉하게 만들어 주세요. 생선 필레를 반으로 길게 자른 다음 반죽에 한 조각씩 담갔다 들어올립니다. 여분의 반죽은 떨어지게 둡니다. 달군 팬에 올리브오일을 살짝 두르고 생선 살이 노릇하고 바삭해질 때까지 한 면당 4분씩 튀겨주세요.

그동안 또 다른 볼에 케첩과 마요네즈를 넣고 레몬즙을 짜서 빠르게 칵테일 소스를 만듭니다. 취향에 맞게 간을 맞추고 새우를 넣어 잘 뒤적여 줍니다. 양상추를 다듬어 잎을 하나씩 떼어냅니다. 생선을 팬의 한쪽으로 밀어 넣은 다음, 번을 반으로 자르고 빠르게 구워줍니다. 새우 칵테일을 번의 단면에 숟가락으로 떠서 올리고 양상추를 얹은 다음 바삭한 생선도 올려주세요. 그다음 남은 번으로 덮고 예쁘게 자른 레몬 조각과 함께 내가면 됩니다.

| 열량 | 지방 | 포화지방 | 단백질 | 탄수화물 | 당류 | 나트륨 | 식이섬유 |
|---|---|---|---|---|---|---|---|
| 288kcal | 8.3g | 1g | 29.2g | 24.3g | 3.7g | 1g | 1.3g |

# 간단히 만드는 플랫브레드 요리

각 1인분  |  총 13분

간단한 한 끼 식사가 필요할 때 빵이 다 떨어졌다면? 걱정하지 마세요! 좋아하는 속재료로 맛있는 한 끼를 해결할 수 있는 꿀팁을 알려드립니다. 제가 소개하는 재료 조합 아이디어는 세 가지이지만, 이를 참고로 여러분만의 조합을 만드실 수도 있을 거예요. 즐겁게 요리해 보세요!

먼저 149~151쪽 중 하나의 필링을 선택해 재료 준비를 마칩니다. 코팅된 24cm 프라이팬을 중불에 올려주세요. 이제 제빵용 흰 밀가루 4큰술, 베이킹파우더 1작은술, 소금 약간, 천연 요거트 1큰술, 물 4큰술을 잘 섞어 부드러워질 때까지 휘젓기만 하면 됩니다. 달군 팬에 올리브오일을 살짝 둘러주세요. 고무 주걱을 사용하여 반죽을 팬 바닥에 고르게 펴 바릅니다. 반죽이 익기 시작하면 팬 가장자리에 오일을 살짝 뿌려주세요. 윗면에 거품이 올라오기 시작하면 고무 주걱으로 가장자리를 풀어 팬과 분리한 뒤 빵을 흔들어 줍니다. 선택한 토핑을 숟가락으로 옮기거나, 부어서 플랫브레드에 펴 바르고 후추를 살짝 뿌린 다음 빵 한쪽을 접어주세요. 약한 불로 줄이고 노릇하게 익을 때까지 각 면을 2분간 더 익힌 다음 꺼내서 1분간 식힌 후 썰어서 드시면 됩니다.

### 치즈 & 햄 CHEESE & HAM

고다 치즈 또는 체더 치즈 20g

훈제 햄 1조각

차이브(대체: 실파) 4개

방울토마토 50g

잉글리시 머스터드 (기호에 따라)

치즈는 갈아주고 햄은 찢어서 준비해 주세요. 차이브를 잘게 썰고 방울토마토는 4등분을 한 다음 148쪽 플랫브레드 요리 방법대로 만들면 됩니다.

| 열량 | 지방 | 포화지방 | 단백질 | 탄수화물 | 당류 | 나트륨 | 식이섬유 |
|---|---|---|---|---|---|---|---|
| 459kcal | 16.7g | 6g | 17.7g | 63.7g | 4.1g | 1.6g | 3.1g |

## 참치 & 콩 TUNA & BEAN

작은 적양파 1/4개

홍고추 1/2개

카넬리니 콩 통조림 1큰술

레드 레스터 치즈 10g

오일에 절인 참치 병조림 또는 통조림 20g

양파는 껍질을 벗기고 고추와 함께 얇게 썰어주세요. 콩은 가볍게 으깨고 치즈는 갈아줍니다. 참치는 으깬 다음 148쪽 플랫브레드 요리 방법대로 만들어 주세요.

| 열량 | 지방 | 포화지방 | 단백질 | 탄수화물 | 당류 | 나트륨 | 식이섬유 |
|---|---|---|---|---|---|---|---|
| 454kcal | 13.7g | 4g | 19.3g | 67.1g | 5.3g | 1.1g | 4.3g |

## 파프리카 & 리코타 PEPPER & RICOTTA

씨 있는 블랙 올리브 2개

구운 파프리카 큰 통조림 1/2통

바질 1줄기

리코타 치즈 수북이 1큰술

스모키 치폴레 타바스코 (기호에 따라)

올리브 씨앗을 제거한 후 쪼개주세요. 파프리카는 썰어주고 바질 잎을 따서 찢은 다음 148쪽 플랫 브레드 요리 방법대로 만들어 주세요.

| 열량 | 지방 | 포화지방 | 단백질 | 탄수화물 | 당류 | 나트륨 | 식이섬유 |
|---|---|---|---|---|---|---|---|
| 442kcal | 15.4g | 5g | 14.9g | 64.6g | 4.6g | 1.1g | 2.9g |

## 퀵 퀘사디아 QUICK QUESADILLA
치즈 & 할라페뇨, 강판에 갈아 만든 양배추 샐러드

점심 2인분 또는 간식 4인분  |  총 9분

사과 1개

작은 당근 1개

래디시(적환무) 4개

펜넬 작은 구근(175g) 1통

작은 적양배추 1/4개 (200g)

통밀 토르티야 큰 것 2장

레드 레스터 치즈 60g

얇게 썬 그린 할라페뇨 병조림

큰 서빙용 접시에 레드와인 식초 2큰술과 엑스트라 버진 올리브오일 2작은술을 뿌려줍니다. 사과, 당근(껍질은 벗길 필요 없습니다), 래디시(상태가 좋은 잎은 따로 남겨두세요), 잎이 붙은 부분을 제외한 펜넬은 긴 강판을 사용하여 굵게 갈아줍니다. 적양배추도 갈아준 다음 손가락으로 부드럽게 잘 버무려 주세요. 취향에 맞게 간을 맞춥니다.

코팅된 30cm 프라이팬을 중간보다 센불에 올립니다. 토르티야 한 장을 팬에 올리고 치즈를 굵게 갈아 얹은 다음 할라페뇨를 원하는 개수만큼 마음껏 뿌려주세요. 남은 한 장의 토르티야를 그 위에 얹어줍니다. 한쪽 면을 2분간 구운 다음, 뒤집어 반대쪽 면을 1분간 구워주세요. 토르티야를 4등분한 다음 꾹 눌러 치즈가 흘러내리는 상태로 접시에 담습니다. 맛있게 드세요!

### 재료 추천

퀘사디아는 빠르게 만들 수 있고 활용도가 매우 높기 때문에 속 재료를 자유롭게 조합해 보세요. 남은 고기나 으깬 콩을 조금 추가해도 맛있습니다.

| 열량 | 지방 | 포화지방 | 단백질 | 탄수화물 | 당류 | 나트륨 | 식이섬유 |
|---|---|---|---|---|---|---|---|
| 440kcal | 18.2g | 8.6g | 16.4g | 52.3g | 15.3g | 1.4g | 12.5g |

프라이팬

생선은 환상적인 단백질 공급원이니

더 많이, 더 다양하게 즐기세요.

마음을 따뜻하게 해 주는 요리부터 놀라운 요리까지,

집에서 생선을 요리하는 법을 알려드릴게요.

환상적인 생선

> 프라이팬

## 향긋한 생선 스튜 FRAGRANT FISH STEW
### 호박 뇨키, 코코넛, 방울토마토 & 슈가 스냅 완두콩

2인분 | 총 15분

비늘을 제거한 두툼한 흰살 필레(125g) 2조각
라임 1개
대파 4줄기
다양한 색깔의 방울토마토 250g

커리 페이스트(케랄란 또는 코르마)
수북이 2큰술
코코넛 크림 수북이 2큰술
호박 뇨키 450g
슈가 스냅 완두콩 160g

코팅된 30cm 프라이팬에 올리브오일 1/2큰술을 두르고 중간보다 센불에 올립니다. 생선 껍질이 아래로 향하도록 팬 한쪽에 놓고 라임 껍질을 곱게 갈아 넣어 주세요. 대파는 다듬어 흰 줄기 부분을 2cm 길이로 잘라줍니다. 방울토마토는 큰 것만 반으로 자르고 다진 대파와 함께 팬에 넣어 주세요. 생선 껍질이 노릇노릇하고 바삭해지면 반쯤 익힌 생선을 도마에 옮깁니다. 그런 다음 주전자에 물을 끓여주세요.

커리 페이스트(케랄란 또는 코르마)를 팬에 넣고 1분간 잘 저어준 다음 라임 반쪽으로 즙을 짜주고 코코넛 크림과 호박 뇨끼를 넣습니다. 끓인 물 300㎖를 팬에 붓고 다시 한 번 끓인 후 슈가 스냅 완두콩을 넣어줍니다. 그 위에 생선 필레를 껍질 부분이 위로 오도록 올리고 팬을 덮은 후 4분간 익혀주세요. 남은 대파의 윗부분을 얇게 썰어 위에 뿌린 다음 예쁘게 자른 라임 조각과 함께 내갑니다.

| 열량 | 지방 | 포화지방 | 단백질 | 탄수화물 | 당류 | 나트륨 | 식이섬유 |
|---|---|---|---|---|---|---|---|
| 565kcal | 12.2g | 4.6g | 37.9g | 72.8g | 20.6g | 2.7g | 10.8g |

캐서롤 팬

## 거꾸로 생선 파이 UPSIDE DOWN FISH PIE

연어, 새우, 타르타르 매시, 브로콜리, 차이브 & 토마토

4인분  |  총 54분

감자 1kg

발아 브로콜리 320g

타르타르 소스 100g

껍질을 벗기고 뼈를 발라낸 연어 조각 400g

다양한 색깔의 방울토마토 320g

차이브(대체: 실파) 1단 (20g)

껍질을 벗긴 왕새우 165g

레몬 1/2개

오븐을 200°C로 예열하고 주전자에 물을 끓입니다. 감자를 잘 씻어준 뒤 3cm 크기로 잘라 크고 얕은 캐서롤 팬에 넣습니다. 물이 끓으면 팬에 붓습니다. 팬을 불에 올려 물을 다시 끓이면서 감자가 부드러워질 때까지 15분간 익혀주세요. 브로콜리를 다듬어 팬에 넣은 뒤 4분간 다시 끓입니다. 물을 다 따라낸 후, 브로콜리는 한쪽에 치워두고 감자는 다시 팬에 넣어 타르타르 소스와 올리브오일 1/2큰술을 넣어 잘 으깨줍니다. 취향에 맞게 간을 맞춰주세요. 팬을 다시 중불에 올리고 숟가락 뒷면을 이용해 감자 으깬 것을 팬 바닥과 측면에 고루 펴줍니다. 올리브오일을 뿌린 다음 오븐으로 옮겨 노릇해질 때까지 20분간 구워주세요.

그동안 파이 속을 만들어 주세요. 연어를 1cm 이하의 두께로 세로로 길게 잘라줍니다. 방울토마토는 반으로 자르고 차이브를 잘게 썰어주세요. 새우, 레몬즙, 소금 한 꼬집과 약간의 후추를 넣고 함께 잘 버무려 줍니다. 팬을 꺼내 노릇해진 감자 매시를 확인해 주세요. 데친 브로콜리를 위에 올린 다음 양념한 연어, 새우, 방울토마토를 올립니다. 오븐에 다시 넣고 연어와 새우가 완전히 익을 때까지 10분간 더 익혀주세요.

| 열량 | 지방 | 포화지방 | 단백질 | 탄수화물 | 당류 | 나트륨 | 식이섬유 |
| --- | --- | --- | --- | --- | --- | --- | --- |
| 534kcal | 20.9g | 2.5g | 36.7g | 52.4g | 9.8g | 0.9g | 7g |

> 프라이팬

## 환상적인 어묵 FANTASTIC FISHCAKES

연어 & 브로콜리, 카츠 커리 디핑 소스 & 레몬

4인분 | 총 23분

비늘을 제거한 연어 필레(130g) 4조각  
껍질을 벗긴 햇감자 통조림 1통 (567g)  
브로콜리 1/2개 (175g)  
레몬 1개  

홀그레인 머스터드 2큰술  
카츠 커리 페이스트 1큰술  
저지방 마요네즈 2큰술  
천연 요거트 2큰술  

코팅된 30cm 프라이팬을 준비합니다. 도마 위에 연어를 올려 껍질을 조심스럽게 벗겨내고 껍질 조각을 4등분한 다음 팬에 올립니다. 팬을 중불에 올려 연어 껍질 양면을 바삭하게 구워줍니다. 그 동안 연어를 아주 잘게 잘라주세요. 감자는 물기를 빼고 연어 위에 올린 다음 으깹니다. 브로콜리는 손질해 줄기는 따로 남겨두고(수프나 샐러드에 사용하면 좋습니다) 꽃 부분을 굵게 갈아주세요. 레몬 껍질도 곱게 갈아줍니다. 머스터드를 추가한 뒤 소금 한 꼬집과 후추를 약간 뿌려주고 모두 함께 잘 으깨 섞어주세요. 깨끗한 손으로 어묵 반죽을 4등분하여 3cm 두께의 패티로 모양을 만듭니다.

바삭해진 연어 껍질을 팬에서 꺼냅니다. 팬에 올리브오일을 살짝 두르고 어묵 반죽을 올려 완전히 익을 때까지 노릇하게 앞뒤로 4분씩 구워줍니다. 반죽은 조심스럽게 뒤집어 주세요. 어묵이 익는 동안 카츠 커리 페이스트와 마요네즈를 잘 섞은 다음 요거트에 넣고 완전히 섞어줍니다. 취향에 맞게 간을 맞춰주세요. 어묵이 완성되면 바삭한 연어 껍질과 예쁘게 자른 레몬 조각을 함께 내갑니다.

### 재료 꿀팁

햇감자 통조림을 추천합니다. 모양을 만들어서 튀기기만 하면 되니 시간도 절약되고 설거짓거리도 줄어듭니다.

| 열량 | 지방 | 포화지방 | 단백질 | 탄수화물 | 당류 | 나트륨 | 식이섬유 |
|---|---|---|---|---|---|---|---|
| 368kcal | 19.6g | 3.2g | 30.7g | 16.6g | 3.3g | 1.1g | 2.1g |

프라이팬

## 데리야키 새우 TERIYAKI PRAWNS

마늘, 생강, 면, 완두콩, 고추기름 & 참깨

2인분  |  총 17분

| | |
|---|---|
| 마늘 4쪽 | 냉동 완두콩 160g |
| 생강 조각 4cm | 고추기름 1큰술 |
| 껍질을 벗긴 왕새우 165g | 참깨 1큰술 |
| 미디엄 에그 누들(60g) 2봉지 | 데리야키 소스 2큰술 |

주전자에 물을 끓여주세요. 마늘은 껍질을 벗기고 편으로 썰어주고 생강은 껍질을 벗겨 가늘게 채를 썰어줍니다. 저는 새우를 잠깐씩 반대 방향으로 펴주는 걸 선호하는데, 꼭 할 필요는 없어요. 새우의 등쪽에 칼집을 내 정맥을 제거합니다. 30cm의 코팅된 프라이팬을 센불에 올려주세요. 팬이 뜨거워지면 에그 누들과 냉동 완두콩을 팬에 넣고 끓인 물을 부어줍니다. 4분간 익힌 후 체에 받쳐 물기를 빼고 면수는 한 컵 정도 남겨두세요.

팬을 중불에 올리고 고추기름과 손질한 마늘, 생강을 넣습니다. 노릇노릇해질 때까지 중간중간 뒤적여가며 조리해 주세요. 손질한 새우와 참깨를 넣고 새우가 완전히 익을 때까지 잘 휘저어 준 다음 데리야키 소스를 넣고 팬을 흔들어 모든 재료가 고르게 소스에 버무려지도록 합니다. 불을 끈 다음 에그 누들과 냉동 완두콩을 넣고 잘 섞어주세요. 필요한 경우 남겨두었던 면수를 부어 잘 풀어줍니다. 재료들에 윤기를 더하고 부드럽게 만들어 줄 수 있어요. 취향에 맞게 간을 맞춘 다음 그릇에 나누어 담고, 원하는 경우 고추기름을 조금 더 뿌려 마무리합니다.

| 열량 | 지방 | 포화지방 | 단백질 | 탄수화물 | 당류 | 나트륨 | 식이섬유 |
|---|---|---|---|---|---|---|---|
| 371kcal | 15.6g | 2.5g | 30.2g | 27.1g | 6.7g | 1.8g | 5.5g |

프라이팬

## 브로콜리 & 참치 샐러드 BROCCOLI & TUNA SALAD

레몬, 잡곡, 아루굴라, 고추 & 케이퍼

2인분 | 총 24분

| | |
|---|---|
| 잡곡 1봉지 (250g) | 생수에 담긴 참치 통조림 1통 (110g) |
| 레몬 2개 | 천연 요거트 수북이 1큰술 |
| 아루굴라 60g | 홍고추 1~2개 |
| 브로콜리 1개 (375g) | 소금물에 절인 베이비 케이퍼 1작은술 |

코팅된 30cm 프라이팬을 센불에 올립니다. 잡곡을 넣고 잘게 부순 뒤, 레몬 1개를 짜서 즙을 냅니다. 올리브오일도 살짝 뿌려주세요. 곡물이 부드러워지면 중간중간 저어주면서 다시 한 번 가열합니다. 그동안 장식용으로 쓸 예쁜 아루굴라 잎을 골라내 따고, 나머지는 잘게 다져주세요. 다진 아루굴라를 잡곡밥과 함께 잘 섞은 다음 접시에 옮겨줍니다. 프라이팬을 닦고 센불에 다시 올려주세요. 브로콜리 줄기에서 꽃 부분을 떼어내 작은 덩어리로 자른 뒤 프라이팬에 넣습니다. 브로콜리 줄기는 딱딱한 부분을 제거한 뒤 반으로 길게 잘라 잘게 썬 다음 팬에 넣어줍니다. 중간중간 섞어주면서 10분간 익혀 고소한 풍미를 살려주세요.

그동안 참치와 참치 통조림 안에 있던 국물을 함께 블렌더에 붓고 요거트도 넣습니다. 남은 레몬 껍질을 곱게 갈아서 따로 놔둔 다음 블렌더에 레몬즙을 짜줍니다. 홍고추는 얇게 써는데, 원한다면 씨를 빼도 좋습니다. 얇게 썬 홍고추 반 개도 블렌더에 넣고 부드러워질 때까지 블렌딩합니다. 필요한 경우 물을 살짝 뿌려 풀어주세요. 취향에 맞게 간을 맞춥니다. 잘 구운 브로콜리를 잡곡밥에 뿌려주세요. 만들어둔 부드러운 참치 드레싱도 밥 위에 올리고 따로 놔둔 아루굴라, 고추(기호에 따라), 레몬 제스트, 케이퍼를 뿌려 완성합니다. 취향에 따라 엑스트라 버진 올리브오일을 살짝 둘러 마무리해도 좋아요.

| 열량 | 지방 | 포화지방 | 단백질 | 탄수화물 | 당류 | 나트륨 | 식이섬유 |
|---|---|---|---|---|---|---|---|
| 381kcal | 8.8g | 1.9g | 30g | 43.7g | 6.5g | 1.3g | 12.5g |

프라이팬

## 팬에 구운 연어 & 새우 파이 SALMON & PRAWN PIE IN A PAN

바삭한 필로, 쿠스쿠스, 달콤한 토마토, 훈제 파프리카, 딜 & 레몬

4인분  |  준비 10분 / 조리 34분

| | |
|---|---|
| 필로 페이스트리 1봉지 (270g) | 껍질을 제거한 연어 필레(130g) 2조각 |
| 훈제 파프리카 가루 | 껍질을 벗긴 왕새우 165g |
| 쿠스쿠스 100g | 레몬 2개 |
| 다양한 색깔의 토마토 800g | 딜 1단 (20g) |

오븐을 180°C로 예열해 주세요. 코팅된 30cm 오븐용 프라이팬에 올리브오일을 바르고 필로 페이스트리 3장을 깔아줍니다. 다시 오일을 바르고 훈제 파프리카 가루를 조금 뿌려주세요. 나머지 시트도 같은 방법으로 겹겹이 쌓고, 옆으로 빠져나온 시트는 그대로 둡니다. 다시 오일을 한 겹 바른 다음 쿠스쿠스를 뿌려주세요. 토마토는 얇게 썰어서 반 정도만 팬에 깔고 소금 한 꼬집과 약간의 후추로 밑간을 합니다. 연어 필레를 각각 길게 3등분하여 그 위에 올린 다음 새우도 뿌려줍니다. 레몬 껍질을 곱게 갈아주세요. 딜을 잘게 다져 뿌리고 남은 토마토를 위에 얹은 후 오일 1큰술을 뿌립니다. 소금과 후추를 조금 더 뿌리고 빠져나온 시트를 접어 재료들을 덮고 구겨주세요. 오일을 조금 더 바르고 레몬즙을 짠 후, 파프리카 가루를 더 뿌립니다. 센불에서 4분 정도 구워주면 지글지글 끓기 시작할 거예요. 이때 오븐에서 파이가 노릇노릇하게 익을 때까지 30분간 구워줍니다. 요거트 한 덩이와 제철 샐러드를 곁들이면 더 맛있게 드실 수 있어요.

### 레시피 레벨 업

색색의 아름다운 재료들을 간단하게 층층이 쌓아 바삭한 페이스트리로 감싸는 이 레시피는 그야말로 '합체!' 같은 마법의 주문이죠.

| 열량 | 지방 | 포화지방 | 단백질 | 탄수화물 | 당류 | 나트륨 | 식이섬유 |
|---|---|---|---|---|---|---|---|
| 530kcal | 17.3g | 2.7g | 31.1g | 67g | 9.7g | 1.4g | 6.3g |

캐서롤 팬

## 스모키 홍합 국수 SMOKY MUSSEL LAKSA

그을린 가지, 촉촉한 국수, 코코넛, 고수 & 라임

2인분  |  총 16분

접힌 쌀국수(50g) 2덩이

내장을 제거한 홍합 600g

큰 가지 1개 (400g)

대파 1단

고수 1/2단 (15g)

라임 2개

락사 페이스트 2큰술

저지방 코코넛 밀크 통조림 1통 (400ml)

넓고 얕은 캐서롤 팬에 쌀국수를 넣고 포장지에 쓰인 조리 방법대로 익힙니다. 그동안 손질한 홍합에서 상한 것들을 골라 버리세요. 입을 벌린 홍합을 두드려보고 닫히지 않는 것들을 골라내면 됩니다. 가지를 꼬챙이에 끼운 다음 가스레인지 불이나 오븐 그릴에서 직화로 굽습니다. 집게로 뒤집어가며 가지 전체가 검게 그을릴 때까지 조심스럽게 구워주세요. 팬을 센불에 올리고 물기를 뺀 쌀국수를 넣습니다. 대파를 다듬고 흰 뿌리 부분은 1cm 길이로 잘라 팬에 넣고 초록색 이파리는 남겨둡니다. 고수는 잎을 따서 보관하고 줄기만 잘게 다져 팬에 넣어주세요. 라임 껍질을 곱게 갈아 넣고 락사 페이스트를 넣어 1분간 잘 섞은 다음 코코넛 밀크를 붓습니다. 마지막으로 홍합을 넣고 뚜껑을 덮은 후 홍합 껍데기가 열릴 때까지 4분간 끓이세요. 팬 뚜껑을 열고 입이 닫혀 있는 홍합은 골라서 버려주세요.

남겨둔 대파의 이파리를 얇게 썰고 고수 잎은 찢어줍니다. 숟가락으로 검게 그을린 가지 껍질을 대부분 긁어낸 다음(훈제의 풍미가 올라오도록) 대강 잘라 팬에 넣고 쌀국수와 잘 섞어줍니다. 라임즙, 소금, 후추로 국물의 간을 맞추고 채를 썰어 놓은 대파와 고수 잎을 뿌려 마무리하세요.

| 열량 | 지방 | 포화지방 | 단백질 | 탄수화물 | 당류 | 나트륨 | 식이섬유 |
|---|---|---|---|---|---|---|---|
| 486kcal | 15.9g | 11g | 21.1g | 64.3g | 12.8g | 1.4g | 8.7g |

# 호일 안의 연어
## SALMON IN A BAG

각 2인분  |  총 25분

연어는 우리가 흔히 구입하는 생선 중 하나죠. 연어를 즐기는 방법 중 제가 가장 좋아하는 방식을 공유합니다. 쿠킹 호일로 봉지를 만들어 이용하면 생선을 훌륭하게 찔 수 있을 뿐 아니라, 흥미로운 재료를 조합하여 멋진 풍미를 더할 수 있어요. 오븐에서 15분만 구워주면 정말 만족스러운 한끼가 되죠. 우선 이 레시피를 따라해 본 다음, 여러분만의 조합으로 응용해 보세요.

오븐을 220°C로 예열해 주세요. 오븐용 트레이에 두꺼운 쿠킹 호일을 넉넉하게 깔아 절반이 트레이 밖으로 삐져나오도록 합니다. 블렌더를 이용해 원하는 소스를 만든 다음 숟가락으로 떠서 트레이 중앙에 부어주세요. 칼을 사용하여 연어 껍질에 1cm 깊이의 칼집을 두 개 내고, 남은 허브 잎으로 속을 채웁니다. 남은 재료를 171~173쪽 사진처럼 소스 위에 예쁘게 흩뿌리고, 그 위에 연어를 올려줍니다. 약간의 소금과 후추로 간을 하고 올리브오일을 살짝 뿌립니다. 트레이 밖으로 삐져나온 쿠킹 호일을 접고 가장자리를 비틀어 밀봉합니다. 오븐 바닥에서 15분간 또는 연어가 완전히 익을 때까지 굽습니다. 찐 채소나 구운 제철 채소를 곁들여 드시면 더욱 맛있습니다.

## 비트 & 감자 BEET & POTATO

비트 뿌리 절임 200g

홀스래디시(서양 와사비) 크림 1큰술

딜 1단 (20g)

껍질을 벗긴 햇감자 통조림 1통 (567g)

비늘을 제거한 연어 필레(150g) 2조각

저지방 크렘 프레슈 1큰술

비트는 물기를 제거하고 홀스래디시 크림과 함께 블렌더에 넣습니다. 딜은 장식용을 조금 남기고, 남은 잎을 모두 블렌더에 넣어주세요. 필요한 경우 물을 살짝 추가해 소스를 풀어주면서 재료들이 부드러워질 때까지 블렌딩합니다. 취향에 맞게 간을 맞춥니다. 감자는 물기를 빼고 큰 것은 반으로 자른 뒤 170쪽 조리법대로 마저 요리합니다.

| 열량 | 지방 | 포화지방 | 단백질 | 탄수화물 | 당류 | 나트륨 | 식이섬유 |
|---|---|---|---|---|---|---|---|
| 457kcal | 19g | 3.8g | 34.5g | 36g | 10.4g | 0.7g | 3.8g |

## 시금치 & 뇨키 SPINACH & GNOCCHI

체더 치즈 30g

냉동 시금치 잎 160g

저지방 우유 160ml

마조람 또는 오레가노 1단 (20g)

레몬 1개

연어 필레(150g) 2조각

감자 뇨키 400g

체더 치즈를 블렌더에 으깨 넣고 냉동 시금치 잎, 우유, 마조람 잎 대부분과(장식용 잎은 따로 보관해두세요) 레몬즙을 넣고 소스가 부드러워질 때까지 블렌딩합니다. 취향껏 간을 맞추고 170쪽 조리법대로 마저 요리해 레몬 조각과 함께 내갑니다.

| 열량 | 지방 | 포화지방 | 단백질 | 탄수화물 | 당류 | 나트륨 | 식이섬유 |
|---|---|---|---|---|---|---|---|
| 725kcal | 24.5g | 7.5g | 46.5g | 78.5g | 6g | 2.2g | 3.4g |

## 파프리카 & 병아리콩 PEPPER & CHICKPEA

구운 파프리카 병조림(460g) 1/2통

훈제 아몬드 15g

병아리콩 통조림 1통 (400g)

이탈리안 파슬리 1/2단 (15g)

초리조 30g

연어 필레(150g) 2조각

파프리카는 물기를 빼고 블렌더에 넣어줍니다. 훈제 아몬드, 병아리콩 대부분과 통조림 액체 전부, 파슬리 줄기도 함께 넣습니다. 이때 병아리콩과 파슬리 잎은 장식용으로 조금 남겨두세요. 재료들이 부드러워질 때까지 소스를 블렌딩합니다. 취향에 맞게 간을 하고 초리조를 잘게 썬 다음 170쪽 조리법대로 마저 요리합니다.

| 열량 | 지방 | 포화지방 | 단백질 | 탄수화물 | 당류 | 나트륨 | 식이섬유 |
| --- | --- | --- | --- | --- | --- | --- | --- |
| 507kcal | 26.8g | 5.1g | 42.9g | 22.4g | 3.9g | 0.5g | 7.4g |

프라이팬

## 새우 팬케이크 PRAWN PANCAKE
칠리 잼, 채소, 콩 & 참깨

2인분 | 총 16분

큰 달걀 2개

팽창제 혼합 밀가루 120g

오향 가루 1작은술

껍질을 벗긴 왕새우 165g

참깨 1큰술

볶음용 채소 1봉지 (320g)

저염 간장 2작은술

칠리 잼 수북이 1큰술

중간 크기 볼에 달걀을 풀고 거품기로 휘저어 줍니다. 밀가루, 오향 가루, 물 100㎖를 추가하고 잘 섞어주세요. 새우는 절반을 대강 다져 반죽에 넣고 섞습니다. 코팅된 28cm 프라이팬을 중간보다 센불에 올려주세요. 팬이 뜨거워지면 올리브오일을 살짝 두르고 참깨와 남은 새우를 골고루 뿌려줍니다. 팬케이크 반죽을 숟가락으로 떠서 넣고, 볶음용 채소도 팬에 골고루 뿌려줍니다. 뚜껑을 덮고 불을 약하게 줄인 후 10분간 조리하여 팬케이크를 완전히 익혀주세요.

팬의 뚜껑을 열고 불을 끈 다음 채소에 간장을 뿌려줍니다. 팬케이크를 한번에 빼내서 칠리 잼을 전체적으로 발라 윤기를 더해줍니다. 먹음직스러운 조각으로 잘라 내갑니다.

| 열량 | 지방 | 포화지방 | 단백질 | 탄수화물 | 당류 | 나트륨 | 식이섬유 |
|---|---|---|---|---|---|---|---|
| 548kcal | 16.9g | 3.2g | 30.1g | 62.7g | 16g | 1.8g | 6.3g |

캐서롤 팬

## 잡탕 해산물 스튜 MIXED SEAFOOD STEW

부드러운 콩, 토마토, 펜넬, 마늘 & 고추

2인분  |  총 22분

마늘 4쪽

펜넬 구근 1통

홍고추 1/2개

라이트 로제 와인 100ml

카넬리니 콩 통조림 1통 (400g)

토마토 홀 통조림 1통 (400g)

손질한 해산물(홍합, 연어, 새우, 흰살 생선, 가리비) 450g

작은 바게트 1개

마늘은 껍질을 벗기고 펜넬은 다듬어 줍니다. 펜넬에서 잎이 붙은 위쪽은 남기고 줄기를 고추와 함께 잘게 다져주세요. 크고 깊은 캐서롤 팬을 중간보다 센불에 올리고 올리브오일 1큰술을 두른 다음 마늘, 펜넬, 고추를 넣고 잘 뒤적여 줍니다. 재료들이 부드러워질 때까지 저어가며 5분간 볶아주세요. 로제 와인을 붓고 한소끔 더 익힌 다음 팬에 카넬리니 콩과 통조림 국물을 모두 넣어줍니다. 토마토는 손으로 으깨 넣고, 통조림 1/2통 분량의 물을 부어주세요. 보글보글 끓기 시작하면 간을 맞춥니다. 해산물은 깨끗이 손질해 주세요. 입을 연 홍합은 두드려서 닫히지 않으면 버리고 생선 필레는 조리 시간을 단축하기 위해 반으로 길게 자릅니다. 모든 해산물을 팬에 넣고 뚜껑을 덮은 후 홍합이 입을 벌리고 해산물이 완전히 익을 때까지 스튜를 끓여줍니다. 아직도 입을 다문 홍합이 있다면 따로 골라 버려주세요. 취향에 맞게 스튜의 간을 맞춥니다.

남겨둔 펜넬을 뿌린 후 취향에 따라 엑스트라 버진 올리브오일을 살짝 둘러 마무리합니다. 바게트를 얇게 썰어서 스튜에 찍어 드셔도 맛있습니다.

| 열량 | 지방 | 포화지방 | 단백질 | 탄수화물 | 당류 | 나트륨 | 식이섬유 |
|---|---|---|---|---|---|---|---|
| 595kcal | 15.1g | 7.2g | 48.8g | 54.9g | 8.2g | 1.3g | 13.4g |

프라이팬

## 새우 볶음밥 PRAWN FRIED RICE

볶은 채소, 고추 & 바삭한 양파 계란 프라이

2인분 | 총 15분

볶음용 채소 1봉지 (320g)     밥 1봉지 (250g)
홍고추 1개                    레몬 1개
껍질을 벗긴 왕새우 165g       달걀 2개
커리 페이스트(케랄란) 2큰술   양파 튀김 2큰술

코팅된 30cm 프라이팬을 중간보다 센불에 올립니다. 볶음용 채소와 고추를 얇게 썰고 따로 보관해주세요. 달군 프라이팬에 올리브오일을 살짝 두른 다음 새우와 고추를 넣고 케랄란 커리 페이스트를 뿌려줍니다. 30초간 잘 섞은 다음 볶음용 채소를 넣고 밥도 부숴 넣습니다. 레몬은 반으로 잘라 반쪽은 즙을 짜 넣고, 남은 반쪽은 따로 남겨두세요. 팬의 재료들을 중간중간 잘 섞으면서 3분간 조리합니다. 취향에 맞게 간을 맞춘 다음 볶은 새우 몇 마리를 15cm 크기의 볼에 깔아줍니다. 볶음밥을 그 위에 얹고 숟가락으로 꾹꾹 눌러주세요.

팬을 다시 불에 올리고 오일을 약간 두른 후 달걀을 깨서 넣습니다. 양파 튀김을 팬에 뿌리고 원하는 정도로 달걀프라이를 익혀주세요. 접시에 나누어 담고, 볼을 뒤집어 볶음밥을 예쁘게 얹은 다음 레몬 조각을 곁들여 내가면 완성입니다.

| 열량 | 지방 | 포화지방 | 단백질 | 탄수화물 | 당류 | 나트륨 | 식이섬유 |
|---|---|---|---|---|---|---|---|
| 475kcal | 19.1g | 5.6g | 28.5g | 50.3g | 9.8g | 1.1g | 6g |

프라이팬

## 바삭한 페스토 연어 CRISPY PESTO SALMON

햇감자, 아스파라거스, 아루굴라 & 레몬

2인분 | 총 20분

아스파라거스 250g

연어 필레(130g) 2조각

그린 페스토 수북이 2큰술

레몬 1개

칠리 플레이크 한 꼬집

판코 빵가루 40g

햇감자 통조림 1통 (567g)

아루굴라 30g

코팅된 30cm 프라이팬을 중간보다 센불에 올립니다. 아스파라거스의 단단한 끝부분은 잘라내고 2cm 길이로 자른 다음 마른 팬에 넣고 중간중간 뒤적여 주면서 볶아주세요. 그동안 작업대에 큰 기름종이를 깔고, 연어의 껍질이 아래로 향하도록 올려 놓습니다. 크고 날카로운 칼을 사용하여 1cm 간격으로 연어 두께의 반 정도되는 칼집을 세로로 길게 내어줍니다. 페스토를 문질러 바르고 레몬 껍질을 곱게 갈아서 올려주세요. 말린 칠리 플레이크와 빵가루를 뿌리고 올리브오일도 살짝 뿌려줍니다. 종이를 접고 손바닥이나 도마로 짓눌러 내용물이 연어에 잘 붙도록 도와줍니다.

아스파라거스를 팬의 한쪽으로 밀고, 페스토를 바른 쪽이 위에 오도록 연어를 올려주세요. 앞뒤로 4분씩 익혀 노릇하게 완전히 익힙니다. 감자 통조림에서 감자를 꺼내 물기를 빼고 크기가 큰 것은 반으로 자른 다음 팬에 넣어줍니다. 오일을 살짝 두르고 연어와 함께 익히세요. 연어를 접시로 옮기고 부스러기를 숟가락으로 떠냅니다. 팬에 아루굴라와 아스파라거스, 감자를 올려 살짝 구워준 후 레몬을 반으로 잘라 즙을 뿌려주고 취향에 따라 간을 맞춥니다. 연어와 예쁘게 자른 레몬 조각과 함께 내가면 완성입니다.

| 열량 | 지방 | 포화지방 | 단백질 | 탄수화물 | 당류 | 나트륨 | 식이섬유 |
|---|---|---|---|---|---|---|---|
| 541kcal | 23.7g | 3.9g | 36.4g | 47.2g | 4.4g | 0.6g | 2.2g |

> 프라이팬

## 강렬한 생선 타코 VIBRANT FISH TACOS

검은콩, 할라피뇨, 달콤한 토마토, 라임 & 아보카도

4인분 | 총 21분

| | |
|---|---|
| 다양한 색깔의 방울토마토 320g | 껍질을 벗긴 두툼한 흰살 생선 필레(125g) 4조각 |
| 얇게 썬 그린 할라피뇨 병조림 30g | 라임 1개 |
| 고수 1/2단 (15g) | 작은 사이즈의 옥수수 토르티야 8장 |
| 검은콩 통조림 1통 (400g) | 잘 익은 아보카도 1개 |

30cm 프라이팬을 중간보다 센불에 올리고 올리브오일 1큰술을 두릅니다. 방울토마토를 통째로 팬에 넣고 소금을 약간 뿌린 뒤 할라피뇨를 넣어주세요. 고수 2줄기를 골라 잎을 따고 팬에 넣어줍니다. 5분간 조리한 후 검은콩 통조림의 국물을 따라내고 헹군 후 검은콩을 팬에 넣어줍니다. 생선 필레를 팬에 넣고 라임 껍질을 곱게 갈아주세요. 고수 잎 몇 장을 찢어 추가합니다. 팬 뚜껑을 덮고 생선이 완전히 익을 때까지 약한 불에서 10분간 찝니다. 동시에 토르티야는 뚜껑에 올리고 쿠킹 호일을 덮어 팬의 잔열로 따뜻하게 데워주세요.

그동안 아보카도는 껍질을 벗기고 씨를 뺀 후 썰어줍니다. 라임을 반으로 잘라 즙을 뿌리고 소금 한 꼬집과 후추를 약간 넣어 잘 섞어주세요. 아보카도 조각을 팬에 넣고 남은 고수 잎을 얹어준 뒤 따뜻한 토르티야와 함께 내가면 됩니다. 남은 라임 절반도 예쁘게 조각내 곁들이면 완성입니다.

| 열량 | 지방 | 포화지방 | 단백질 | 탄수화물 | 당류 | 나트륨 | 식이섬유 |
|---|---|---|---|---|---|---|---|
| 481kcal | 13.7g | 2.3g | 31.6g | 54.8g | 7.3g | 1.8g | 7.7g |

로스팅 트레이

## 쿠바 모조 피쉬 CUBAN MOJO FISH

오레가노, 마늘, 커민, 오렌지 & 레몬, 달콤한 파프리카 & 양파

2인분 | 총 42분

| | |
|---|---|
| 다양한 색깔의 파프리카 3개 | 오레가노 1/2단 (10g) |
| 적양파 2개 | 오렌지 2개 |
| 커민 씨앗 1작은술 | 레몬 1개 |
| 마늘 2쪽 | 비늘, 내장, 아가미를 제거한 도미(400g) 2마리 |

오븐을 220°C로 예열해 주세요. 파프리카는 씨를 빼고 양파는 껍질을 벗겨 모두 3cm 조각으로 잘라줍니다. 파프리카과 양파를 25cm×35cm 크기의 오븐용 트레이에 넣어주세요. 올리브오일 1큰술, 소금 한 꼬집과 후추 약간을 넣어 잘 버무린 다음 오븐에서 20분간 굽습니다. 그동안 커민 씨앗을 절구에 넣고 소금과 후추를 살짝 뿌려 갈아줍니다. 껍질 벗긴 마늘과 오레가노 잎을 추가하고 재료들을 잘 으깹니다. 오렌지와 레몬은 즙을 짜 넣고, 엑스트라 버진 올리브오일 1큰술 반을 넣은 다음 잘 저어 양념장을 만들어 주세요. 접시에 도미를 올리고 양면에 2cm 간격으로 칼집을 냅니다. 그리고 양념장 절반을 칼집 안쪽까지 스미도록 잘 문질러 줍니다. 남은 양념장은 보관해 두세요.

오븐에서 트레이를 꺼내 채소를 잘 섞은 뒤 트레이 가장자리로 밀어줍니다. 양념한 도미를 중앙에 놓고 남은 양념장을 붓습니다. 도미가 노릇해지고 뼈에서 살코기가 쉽게 분리될 때까지 15분간 굽습니다. 팬에서 꺼내 5분간 두었다가 남은 양념장을 숟가락으로 끼얹어 줍니다. 이대로 먹어도 맛있고, 밥이나 바삭한 빵과 함께 드시는 것도 좋아요.

| 열량 | 지방 | 포화지방 | 단백질 | 탄수화물 | 당류 | 나트륨 | 식이섬유 |
|---|---|---|---|---|---|---|---|
| 478kcal | 20.9g | 2g | 46.7g | 28.7g | 24.8g | 1.2g | 9.5g |

프라이팬

## 완두콩 & 새우 케저리 PEA & PRAWN KEDGEREE

부드러운 달걀 지단, 시금치, 향신료 & 적양파 절임

2인분 | 총 22분

달걀 2개

적양파 1개

칠리 마늘 커리 페이스트 1큰술

냉동 완두콩 160g

베이비 시금치 100g

즉석밥 1개 (250g)

레몬 1개

껍질을 벗긴 왕새우 165g

코팅된 28cm 프라이팬을 중불에 올립니다. 볼에 달걀을 풀고 밑간을 해 주세요. 프라이팬에 올리브오일 1작은술을 두르고 달걀물 절반을 부어줍니다. 한쪽 면을 익힌 다음 프라이팬에 접시를 덮고 재빨리 뒤집어 달걀 지단을 옮겨주세요. 나머지 달걀물도 마찬가지로 조리하여 옮깁니다. 양파는 껍질을 벗기고 얇게 썬 다음 피클용을 남기고 나머지는 칠리 마늘 커리 페이스트와 함께 팬에 넣어주세요. 5분간 볶으면서 중간중간 뒤적여 주고 필요하면 물을 약간 추가합니다. 피클용으로 남긴 양파에 레드와인 식초를 충분히 붓고 소금을 살짝 뿌려 한쪽에 놔두면 곧 맛있는 절임이 될 거예요.

냉동 완두콩과 시금치를 팬에 넣고 중간중간 뒤적여줍니다. 시금치의 숨이 죽으면 밥을 넣고 숟가락으로 잘게 부숴 섞어주세요. 레몬을 반으로 잘라 반쪽을 짜서 즙을 넣습니다. 새우를 프라이팬에 넣고 잘 버무려 주세요. 만들어 둔 달걀 지단을 돌돌 말아 4등분한 후 밥에 올립니다. 팬의 뚜껑을 덮고 약한 불에서 5분간 더 조리한 후 취향껏 간을 맞춰주세요. 적양파 절임의 물기를 빼고 밥에 뿌린 다음 예쁘게 자른 레몬 조각과 함께 내가면 완성입니다.

### 재료 추천

여러분이 좋아하는 커리 페이스트로 자유롭게 대체하여 만들어 보세요!

| 열량 | 지방 | 포화지방 | 단백질 | 탄수화물 | 당류 | 나트륨 | 식이섬유 |
|---|---|---|---|---|---|---|---|
| 398kcal | 9.5g | 2.5g | 32.2g | 49.5g | 7.1g | 1.5g | 6.5g |

프라이팬

## 참치 & 훈제 파프리카 소스 TUNA & SMOKY PEPPER SAUCE

새콤달콤한 당근, 양파, 고추, 바질 & 포카치아

2인분  |  총 36분

큰 당근 3개

양파 1개

구운 파프리카 병조림 1통 (460g)

홍고추 1/2개

훈제 아몬드 20g

바질 1단 (30g)

참치 살코기(120g) 2조각

포카치아 150g

주전자에 물을 끓여주세요. 코팅된 30cm 프라이팬을 중간보다 센불에 올리고 끓인 물 400㎖를 부어줍니다. 당근은 다듬어 깨끗하게 씻은 뒤 반으로 길게 잘라주세요. 그런 다음 0.5cm 두께로 비스듬히 썰어 프라이팬에 넣습니다. 양파는 껍질을 벗겨 굵게 잘라 넣고, 파프리카는 물기를 빼고 얇게 썰어 절반만 팬에 넣어주세요. 팬 뚜껑을 덮고 20분간 익힙니다. 그동안 남은 파프리카와 고추, 훈제 아몬드를 모두 블렌더에 넣어 부드러워질 때까지 블렌딩합니다. 필요한 경우 물을 살짝 뿌려 소스를 풀어주면 좋습니다. 취향껏 간을 맞추고 바질은 잎을 따주세요.

채소가 다 익으면 뚜껑을 열어 액체가 모두 증발할 때까지 끓입니다. 당근이 노릇해질 때까지 중간중간 저어주세요. 바질 잎은 장식용을 남기고 나머지는 찢어줍니다. 팬에 넣고 잘 섞은 뒤 간을 맞춰주세요. 익은 채소를 접시에 나누어 담고 프라이팬을 재빨리 닦은 후 다시 센불에 올립니다. 참치 살코기에 올리브오일을 살짝 두르고 소금과 후추를 약간 뿌린 다음 앞뒤로 1분씩 구워 원하는 정도로 익혀주세요. 채소에 참치를 올린 다음 만들어 둔 소스를 끼얹고, 남겨둔 바질 잎과 후추 약간을 뿌립니다. 취향에 따라 따뜻한 포카치아를 곁들여 드셔도 좋아요. 소스가 남았다면 달걀이나 닭고기를 드실 때 활용해 보세요. 궁합이 아주 좋답니다.

### 재료 추천

훈제 아몬드를 구할 수 없다면 땅콩이나 훈제 파프리카로 대체해도 좋습니다.

| 열량 | 지방 | 포화지방 | 단백질 | 탄수화물 | 당류 | 나트륨 | 식이섬유 |
|---|---|---|---|---|---|---|---|
| 570kcal | 16.4g | 3.3g | 42.9g | 61.7g | 21.7g | 1.7g | 11.7g |

## 참깨 연어 스테이크 SESAME SEARED SALMON

잡곡, 당근 고명, 오렌지, 민트 & 하리사

2인분  |  총 21분

비늘을 제거한 연어 필레(130g) 2조각

참깨 2큰술

민트 1단 (30g)

큰 오렌지 2개

잡곡밥 1봉지 (250g)

작은 당근 2개

하리사 수북이 2큰술

연어 필레를 반으로 길게 자른 다음 껍질을 벗겨냅니다. 접시에 참깨를 뿌리고 연어 조각들을 얹어 한쪽 면을 참깨로 덮어주세요. 남은 참깨는 절구에 넣고 빻아서 가루로 만들어 둡니다. 민트 잎은 장식용을 남기고 대부분을 절구에 넣어 잘 으깨주세요. 오렌지 1개를 반으로 잘라 절구에 즙을 짜 넣고, 엑스트라 버진 올리브오일과 레드와인 식초도 조금씩 넣어 잘 섞으면서 취향껏 드레싱 간을 맞춰주세요. 중간보다 센불에 코팅된 30cm 프라이팬을 올리고 잡곡을 넣은 뒤 물을 충분히 부어 완전히 익힙니다. 그 후 드레싱과 잘 버무린 다음 접시에 옮겨 담으세요.

프라이팬을 닦아 다시 중간보다 센불에 올리고 미리 벗겨둔 연어 껍질을 몇 분간 튀깁니다. 양면이 바삭해지면 꺼내주세요. 이제 연어를 구울 차례입니다. 참깨가 붙은 면이 아래로 향하도록 프라이팬에 연어를 올려주세요. 3분간 익히고 뒤집어 반대쪽도 완전히 익을 때까지 1분간 굽습니다. 그동안 당근을 깨끗하게 씻은 뒤 스피드 필러(감자칼)를 써서 긴 띠 모양으로 잘라줍니다. 여기에 엑스트라 버진 올리브오일과 레드와인 식초를 조금 뿌려 잘 섞은 다음 잡곡밥에 예쁘게 올려주세요. 남은 오렌지는 껍질을 벗기고 통으로 얇게 썰어 새로운 접시에 나누어 옮깁니다. 오렌지 위에 연어 스테이크와 바삭하게 구운 연어 껍질을 얹어주세요. 하리사 소스를 숟가락으로 떠서 연어와 곡물 위에 얹고 장식용으로 남겨둔 민트 잎을 뿌려 마무리합니다.

| 열량 | 지방 | 포화지방 | 단백질 | 탄수화물 | 당류 | 나트륨 | 식이섬유 |
|---|---|---|---|---|---|---|---|
| 640kcal | 28.4g | 4.6g | 36.7g | 58.2g | 17.7g | 1g | 9.8g |

간단한 즉석 요리부터 구이, 전골을 넘어
근사한 일품요리까지! 고기를 식탁에 올리는 날은
이 챕터가 든든한 지원군이 되어줄 겁니다.

# 육류의 진가

캐서롤 팬

## 50/50 미트볼 50/50 MEATBALLS

돼지고기, 볼로티 콩, 로즈마리, 리코타 & 파르메산

4인분 | 총 43분

파르메산 치즈 40g

레몬 1/2개

돼지고기 다짐육 400g

리코타 치즈 60g

볼로티 콩 통조림(400g) 2통

로즈마리 1/2단 (10g)

파사타 소스 1병 (690g)

포카치아 400g

오븐을 200℃로 예열해 주세요. 파르메산 치즈는 반 정도만 곱게 갈고 푸드 프로세서에 넣어줍니다. 레몬 껍질도 곱게 갈아주세요. 돼지고기 다짐육과 리코타 치즈를 전부 넣고, 볼로티 콩 통조림에서 국물을 따라 내고 푸드 프로세서에 부어줍니다. 후추와 소금 약간을 뿌려주세요. 모든 재료가 잘 섞일 때까지 다진 다음 꺼내어 깨끗한 손에 물을 묻혀 반죽을 20조각으로 나눕니다. 예쁘게 굴려 20개의 미트볼을 만들어 주세요. 크고 얕은 캐서롤 팬을 중간 불에 올립니다. 팬이 뜨거워지면 올리브오일 1큰술을 두르고 미트볼을 넣어주세요. 중간중간 팬을 가볍게 흔들면서 모든 미트볼이 바삭하고 노릇해질 때까지 10분간 구워줍니다. 미트볼을 굽기 시작한 지 5분 정도 후 로즈마리 잎을 찢어 넣어주세요.

미트볼을 팬 한쪽으로 밀어 놓은 다음 팬의 빈 부분에 파사타 소스를 부어줍니다. 남은 볼로티 콩 통조림도 모두 다 부어주세요. 보글보글 끓기 시작하면 오븐에서 10분간 구워줍니다. 미트볼과 소스가 완성될 때쯤 포카치아를 데워주세요. 취향에 맞게 소스에 간을 한 다음 미트볼과 소스를 빵 속에 넣거나 빵 위에 올리고, 남은 파르메산 치즈를 갈아 올려주면 완성입니다.

| 열량 | 지방 | 포화지방 | 단백질 | 탄수화물 | 당류 | 나트륨 | 식이섬유 |
|---|---|---|---|---|---|---|---|
| 676kcal | 26.3g | 10g | 43.6g | 64.2g | 11.8g | 1.6g | 12.1g |

> 캐서롤 팬

## 부드러운 글레이즈드 양고기 정강이살 TENDER GLAZED LAMB SHANKS

달콤한 파프리카, 햇감자, 올리브, 마늘 & 파슬리

4인분  |  준비 12분 / 조리 2시간

양 정강이살 4조각 (각각 대략 400g)   작은 햇감자 800g
마늘 1통   씨 있는 블랙 올리브 8개
다양한 색깔의 파프리카 6개   묽은 꿀 1작은술
레몬 1개   이탈리안 파슬리 1/2단 (15g)

오븐은 180°C로 예열하고 크고 깊은 캐서롤 팬을 꺼내 센불에 올립니다. 양 정강이살에 소금과 후추를 살짝 뿌려 밑간하고 팬에 올리브오일 1큰술을 둘러주세요. 양 정강이살을 팬에 올려 전체적으로 갈색이 될 때까지 뒤집어가며 굽습니다. 그동안 마늘은 껍질을 벗기지 않고 통째로 반 잘라주고, 파프리카는 씨와 꼭지를 제거한 뒤 큼지막한 조각으로 찢어주세요. 마늘과 파프리카를 팬에 넣고 스피드 필러(감자칼)로 레몬 껍질을 얇게 벗겨 함께 넣습니다. 감자는 알이 굵은 것은 절반 잘라준 다음 전부 팬에 넣어주세요. 올리브는 짓눌러 씨를 뺀 후 넣고, 올리브 병에 담긴 국물도 조금 부어주세요. 모든 재료를 잘 섞은 뒤 뚜껑을 덮고 오븐에서 1시간 동안 굽습니다. 1시간이 지나면 오븐에서 꺼내 한 번 더 잘 섞은 후 이번엔 뚜껑을 덮지 않고 오븐에 다시 넣어주세요. 양고기가 부드러워질 때까지 1시간 더 구워줍니다.

오븐에서 팬을 꺼내 잘 익은 마늘을 으깨어 부드러운 마늘쪽과 껍질을 분리합니다. 껍질은 버리고 마늘쪽만 스튜에 넣어주세요. 소금, 후추와 레드와인 식초 약간으로 간을 맞춥니다. 양고기에 꿀을 바르고 파슬리 잎을 올린 다음 내가면 됩니다.

### 채식 버전

깨끗이 씻은 셀러리를 양고기 대신 써보세요. 1/4 분량 정도면 됩니다. 양고기와 똑같은 방법으로 조리하고 물기를 뺀 병아리콩 한 병을 넣어주세요.

| 열량 | 지방 | 포화지방 | 단백질 | 탄수화물 | 당류 | 나트륨 | 식이섬유 |
|---|---|---|---|---|---|---|---|
| 681kcal | 38.4g | 14.4g | 70.6g | 14.8g | 12.4g | 1g | 5.4g |

> 로스팅 트레이

## 소시지 케밥 SAUSAGE KEBABS

달콤한 파프리카 & 양파, 브로콜리 & 렌틸콩

4인분  |  총 55분

렌틸콩 통조림(400g) 2통

적양파 2개

구운 파프리카 1병 (460g)

돼지고기 또는 채소 생소시지 6개

저지방 크렘 프레슈 2작은술

잉글리시 머스터드 2작은술

부드러운 줄기의 브로콜리 320g

오븐을 200°C로 예열하고 25cm×35cm 짜리 오븐용 트레이를 준비해 주세요. 렌틸콩 통조림을 따고 콩과 액체를 모두 트레이에 부은 뒤 약한 불에 올려 뭉근히 끓여줍니다. 콩이 익는 동안 꼬치를 준비해 봅시다. 양파는 껍질을 벗기고 4등분한 다음 한 겹 한 겹 분리해 주세요. 트레이에 구운 파프리카 병에 든 국물을 2큰술 넣은 뒤 파프리카를 꺼내 3cm 크기로 찢거나 썰어주세요. 소시지를 모두 4등분으로 자른 다음 201쪽 사진과 같이 양파, 피망, 소시지를 꼬치 4개에 순서대로 꽂아줍니다. 남는 재료가 있다면 얇게 썰어서 트레이에 함께 넣어주세요. 크렘 프레슈와 잉글리시 머스터드를 트레이에 넣고 잘 섞어줍니다.

브로콜리의 질긴 밑동은 잘라내어 버리고, 줄기가 푹 잠기도록 렌틸콩 위에 나란히 배열해 주세요. 꼬치들도 올린 뒤 오븐의 가운데 선반에 넣어 30분간 굽습니다. 중간에 한 번 꺼내 꼭 꼬치를 뒤집어 주세요. 30분 동안 구운 후 바로 내가도 좋고, 더 바삭한 꼬치를 원한다면 오븐 위쪽 그릴로 옮겨 몇 분 더 구워도 좋아요. 취향에 따라 크렘 프레슈와 머스터드를 추가로 얹어도 좋고요. 이것만으로도 정말 맛있지만, 바삭하게 구운 감자와도 궁합이 좋습니다.

| 열량 | 지방 | 포화지방 | 단백질 | 탄수화물 | 당류 | 나트륨 | 식이섬유 |
|---|---|---|---|---|---|---|---|
| 430kcal | 17.6g | 5.6g | 28.4g | 40.4g | 11.6g | 1.6g | 5.4g |

로스팅 트레이

## 끝내주는 두카 양고기 구이 GNARLY DUKKAH ROAST LAMB

가지, 민트, 고추 절임, 페타 & 플랫브레드

8인분(남은 고기 포함) | 준비 시간 15분 / 조리 시간 45분

양고기 다리살(2kg) 1개

두카 50g

마늘 4쪽

가지 4개 (각 250g)

통숙성 페타 치즈 100g

청고추 절임 1병(300g)

큰 플랫브레드 4개

민트 1단 (30g)

오븐을 240°C로 예열해 주세요. 큰 칼을 사용하여 양고기 뼈가 있는 지점까지 2cm 간격으로 칼집을 내줍니다. 두카를 절구에 넣고 잘게 간 다음 마늘도 껍질을 벗겨 넣고 함께 으깹니다. 올리브오일과 레드와인 식초를 각각 2큰술씩 넣고 잘 섞은 다음 양고기 전체에 문질러 칼집 안쪽까지 골고루 발라줍니다. 가지를 통째로 꼬챙이에 꽂아 오븐용 트레이에 놓고 오븐 맨 아래에 넣어주세요. 양고기는 트레이 바로 위쪽 바에 올리고 45분간 구워줍니다. 그동안 절구에 페타 치즈를 넣고 으깨면서 반죽을 만드세요. 페타 치즈의 염수와 청고추 절임 병의 액체도 절구에 조금씩 넣고 물을 충분히 붓습니다. 숟가락으로 뜰 수 있을 만큼 부드러운 소스가 될 때까지 잘 저어주세요. 그다음 예쁜 용기에 붓고 후추를 살짝 뿌린 다음 취향에 따라 엑스트라 버진 올리브오일을 살짝 뿌려줍니다.

잘 구운 양고기를 큰 접시로 옮기고 잠시 식혀주세요. 바깥쪽은 울퉁불퉁하지만 안쪽은 아름답게 붉어질 겁니다. 구운 가지는 큰 서빙용 보드에 올리고 대강 잘라주세요. 트레이를 가스레인지로 옮기고 물을 충분히 부어 소스가 졸아들 때까지 저어줍니다. 이때 트레이 바닥에 붙은 내용물들도 잘 긁어주세요. 이 소스를 작은 병에 채워 식탁에 놓고, 플랫브레드에도 조금 뿌려줍니다. 플랫브레드는 오븐 선반에서 몇 분간 가열해 주세요. 그동안 민트 잎을 찢어 잘 익은 가지에 뿌립니다. 엑스트라 버진 올리브오일과 레드와인 식초를 각각 1큰술씩 뿌리고 잘 섞어 간을 맞추고, 큰 서빙용 보드에 펴 바릅니다. 남은 양고기를 올리고 남은 육즙은 작은 소스 병에 담아주세요. 양고기 요리는 청고추 절임, 구운 플랫브레드, 페타 소스와 함께 내가고 병에 담긴 소스를 뿌려서 먹습니다.

| 열량 | 지방 | 포화지방 | 단백질 | 탄수화물 | 당류 | 나트륨 | 식이섬유 |
|---|---|---|---|---|---|---|---|
| 509kcal | 28.4g | 10.8g | 36.1g | 26.8g | 3.9g | 2.2g | 6.2g |

캐서롤 팬

## 소갈비 BEEF SHORT RIBS

향긋한 채소, 호두, 부드러운 에일, 껍질째 삶은 감자 & 홀스래디시

6인분  |  준비 26분 / 조리 4시간

소 갈비살 6조각 (약 1.6kg)

셀러리 2단

당근 6개 (총 600g)

껍질을 벗긴 무염 호두 반쪽 50g

양파 마멀레이드 병(345g) 1/2통

부드러운 에일 맥주 500ml

감자 6개 (총 1.5kg)

부드러운 홀스래디시 (서빙용)

오븐을 160°C로 예열해 주세요. 크고 얕은 캐서롤 팬을 중간보다 센불에 올리고 갈빗살이 전체적으로 노릇해지도록 15분간 굽습니다. 그동안 셀러리를 다듬고, 스피드 필러(감자칼)로 겉면의 섬유질을 제거해 주세요. 셀러리는 밑동 12cm를 잘라내고 4등분으로 길게 자른 후 줄기에 붙은 잎은 따로 보관해 둡니다. 줄기와 밑동을 모아 얇게 썰어주세요. 당근은 껍질을 벗겨 통째로 남겨둡니다.

잘 구운 갈비를 잠시 볼에 옮겨 담습니다. 빈 팬에 셀러리와 당근, 호두, 양파 마멀레이드를 넣고 함께 잘 버무립니다. 소금과 후추로 간을 맞추고, 물 600㎖와 에일 맥주를 부은 다음 소갈비를 팬에 다시 넣어주세요. 이때 고기가 완전히 잠기는지 확인합니다. 젖은 기름종이로 팬을 덮고 오븐에 넣어주세요. 고기가 뼈에서 쉽게 떨어질 때까지 4시간 동안 구우면서 중간중간 소갈비에 소스를 끼얹어 줍니다. 감자는 잘 씻어서 포크로 사방을 찌른 다음 오븐 조리가 끝나기 1시간 30분 전에 함께 구워주세요. 팬을 오븐에서 꺼내 고기 지방을 떼어내고 뼈와 너덜거리는 부분을 제거합니다. 그다음 홀스래디시를 한 덩이 얹고 남겨둔 셀러리 잎을 뿌린 후 구운 감자와 함께 내가면 완성입니다.

### 재료 꿀팁

갈비는 소고기에서 가장 저렴한 부위 중 하나예요. 충분히 시간을 들여 조리하면 고기가 아주 부드러워져 고급스러우면서도 맛있는 요리로 완성할 수 있습니다.

| 열량 | 지방 | 포화지방 | 단백질 | 탄수화물 | 당류 | 나트륨 | 식이섬유 |
|---|---|---|---|---|---|---|---|
| 726kcal | 32.2g | 12.2g | 32.2g | 76.4g | 28.6g | 0.9g | 7.6g |

로스팅 트레이

## 양고기 & 병아리콩 코프타스 LAMB & CHICKPEA KOFTAS

당근, 민트 & 페타 샐러드, 칠리소스, 플랫브레드

6인분  |  총 43분

| | |
|---|---|
| 병아리콩 통조림(700g) 1통 또는 400g 분량 2통 | 당근 700g |
| 레몬 1개 | 민트 1단 (30g) |
| 양고기 다짐육 500g | 페타 치즈 100g |
| 통밀 토르티야 6장 | 핫 칠리소스 (서빙용) |

그릴을 센불로 예열해 주세요. 병아리콩은 물기를 빼고 한 줌 따로 보관해 주세요. 레몬 껍질을 곱게 갈고 병아리콩과 함께 양고기에 잘 비벼 섞어줍니다. 양고기를 같은 크기로 떼서 18조각으로 나누고 둥글납작한 코프타 모양으로 만들어 줍니다. 표면이 움푹 들어간 모양으로 만들어 익히면 울퉁불퉁하게 되도록 해 주세요. 25cm×35cm 크기의 오븐용 트레이에 올리브오일을 살짝 바르고 코프타를 일렬로 놓습니다. 남겨둔 병아리콩을 뿌린 다음 그릴 아래에 넣고 코프타가 노릇노릇하게 잘 익을 때까지 30분간 구워주세요. 토르티야는 겹겹이 쌓은 후 호일로 싸서 오븐 조리가 15분 남았을 때 코프타 아래에 끼워 넣고 따뜻하게 데워줍니다.

그동안 당근은 껍질을 벗기고 큰 서빙용 보드 위에서 긴 띠 모양으로 빠르게 갈아줍니다. 민트는 잎을 따서 찢어주고 레몬은 즙을 짜서 뿌린 후 엑스트라 버진 올리브오일을 살짝 두릅니다. 취향에 맞게 간을 맞춰주세요. 그런 다음 서빙용 보드의 재료들을 함께 잘 버무리고 페타 치즈를 부숴 올립니다. 잘 구운 코프타를 보드로 옮기고 따뜻한 플랫브레드를 곁들이세요. 칠리소스를 뿌리면 더 맛있습니다.

| 열량 | 지방 | 포화지방 | 단백질 | 탄수화물 | 당류 | 나트륨 | 식이섬유 |
|---|---|---|---|---|---|---|---|
| 513kcal | 18.2g | 8.3g | 33.6g | 51.8g | 8.2g | 1.5g | 11g |

## 파르메산 프로슈토 스테이크 PARMESAN PROSCIUTTO STEAK

로즈마리, 마늘, 앤초비, 시금치 & 부드러운 콩

2인분  |  총 15분

등심 스테이크(150g) 2조각

파르메산 치즈 50g

프로슈토 2줄

로즈마리 1줄기

마늘 2쪽

오일에 절인 앤초비 필레 2조각

카넬리니 콩 통조림 1통 (400g)

베이비 시금치 200g

유산지 한 장을 작업대에 깔아줍니다. 등심 스테이크에서 지방과 힘줄을 제거한 뒤 유산지에 올려주세요. 후추를 넉넉히 뿌리고 곱게 간 파르메산 치즈와 프로슈토를 얹고, 로즈마리 잎을 떼어내 뿌려줍니다. 올리브오일을 살짝 뿌린 뒤 유산지를 접고 밀대로 두드려 0.5cm 두께로 납작하게 만들어 주세요.

코팅된 30cm 프라이팬을 센불에 올리고 팬이 뜨거워지면 프로슈토를 얹은 쪽이 아래로 향하도록 스테이크를 올립니다. 2분간 구운 다음 뒤집어 다른 면도 1분 동안 구워주세요. 그동안 마늘은 껍질을 벗겨 편으로 썰어 놓습니다. 스테이크를 접시에 옮겨 식히고, 마늘과 앤초비를 뜨거운 팬에 넣어주세요. 카넬리니 콩 통조림의 건더기와 액체 대부분도 붓습니다. 그다음 베이비 시금치를 넣고 숨이 죽을 때까지 2분간 조리하면서 중간중간 뒤적여 주세요. 레드와인 식초 1큰술을 넣고 저어준 뒤 취향껏 간을 맞춰 스테이크와 함께 곁들여 내갑니다.

| 열량 | 지방 | 포화지방 | 단백질 | 탄수화물 | 당류 | 나트륨 | 식이섬유 |
|---|---|---|---|---|---|---|---|
| 487kcal | 19.9g | 9.1g | 58.7g | 14.4g | 0.7g | 1.7g | 9.4g |

프라이팬

프라이팬

## 끈적끈적한 땅콩 스테이크 STICKY PEANUT STEAK

레몬그라스, 생강, 칠리 잼, 바삭한 채소 & 국수

2인분  |  총 15분

레몬그라스 1대

생강 조각 3cm

기름기가 적은 등심 스테이크 1조각 (250g)

껍질을 벗긴 무염 땅콩 20g

볶음용 채소 1봉지 (320g)

바로 조리할 수 있는 중면(150g) 2봉지

칠리 잼 2큰술

데리야키 소스 1큰술

도마에 레몬그라스를 놓고 두드려 거친 겉껍질을 제거한 후 잘게 다져주세요. 생강은 껍질을 벗기고 가늘게 채를 썰어줍니다. 작업대에 유산지를 깔아줍니다. 등심 스테이크에서 지방과 힘줄을 제거한 뒤 기름종이 위에 놓아주세요. 후추로 간을 한 다음 손질한 레몬그라스, 생강, 땅콩을 뿌립니다. 올리브오일도 살짝 뿌려주세요. 유산지를 접고 밀대로 두드려 0.5cm 두께로 납작하게 만들어 줍니다.

코팅된 30cm 프라이팬을 센불에 올리고 팬이 뜨거워지면 땅콩이 붙어 있는 면이 아래로 향하도록 등심 스테이크를 올려주세요. 2분간 구우면서 빠르게 채소와 중면을 (먼저 잘 떼어낸 후) 대강 잘라 잘 섞어줍니다. 볼 하나에 물 1큰술을 넣고 칠리 잼을 풀어주세요. 스테이크를 뒤집어 반대쪽도 1분간 익혀줍니다. 스테이크 옆에다 칠리 잼을 숟가락으로 2큰술 떠서 넣어주세요. 잼이 지글지글 끓으면 숟가락으로 떠서 스테이크에 올립니다. 팬에 남은 땅콩도 잘 올려주세요. 스테이크는 접시로 옮겨 식히고, 뜨거운 팬에 채소와 중면을 넣고 4분간 잘 볶습니다. 데리야키 소스를 넣고 잘 버무린 뒤 취향에 맞게 간을 맞추고 스테이크에 곁들여 드세요.

| 열량 | 지방 | 포화지방 | 단백질 | 탄수화물 | 당류 | 나트륨 | 식이섬유 |
|---|---|---|---|---|---|---|---|
| 583kcal | 15.2g | 4.3g | 44.4g | 66.6g | 20.6g | 1.5g | 6.8g |

213

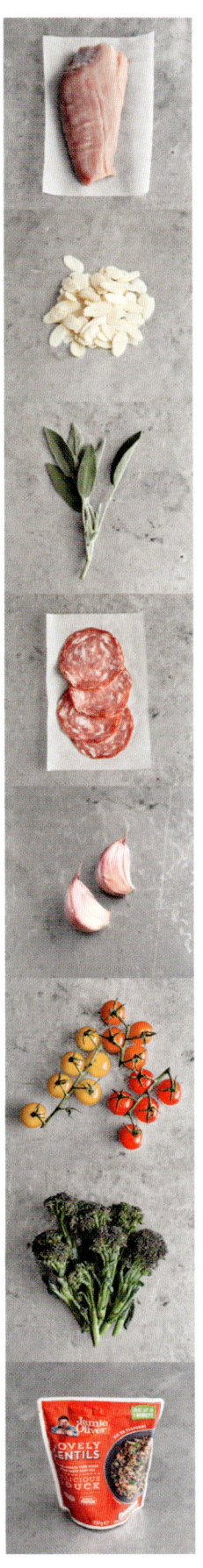

프라이팬

## 기막힌 살라미 돼지고기 SMASHIN' SALAMI PORK

세이지, 아몬드, 브로콜리, 렌틸콩, 달콤한 방울토마토

2인분 | 총 17분

돼지고기 안심 250g

얇게 저민 아몬드 20g

세이지 1줄기

살라미 4장

마늘 2쪽

다양한 색깔의 방울토마토 160g

보라색 발아 브로콜리 160g

익힌 렌틸콩 1봉지(250g)

큰 유산지 한 장을 깔아줍니다. 돼지고기는 힘줄을 제거하고 반으로 자른 후 각 조각의 3/4 지점을 잘라 책처럼 펼칠 수 있도록 합니다. 유산지에 고기를 놓고 후추로 밑간을 해 주세요. 그다음 아몬드를 뿌리고 세이지 잎을 따서 뿌린 다음 살라미를 잘 얹어줍니다. 올리브오일도 살짝 뿌려주세요. 기름종이를 접고 밀대로 두드려 0.5cm 두께로 납작하게 만들어 줍니다. 코팅된 30cm 프라이팬을 센불에 올리고 뜨거워지면 살라미 쪽이 아래로 향하도록 고기를 올려주세요. 3분간 익힌 후 뒤집어 완전히 익을 때까지 반대쪽도 1분간 익혀줍니다. 그동안 마늘은 껍질을 벗겨 편으로 썰고 방울토마토는 반으로 자릅니다. 브로콜리 줄기 끝부분의 질긴 밑동을 제거한 뒤 남은 줄기도 반으로 길게 잘라 채소가 빠르게 익을 수 있도록 해 주세요.

노릇노릇하게 잘 구운 안심을 접시로 옮긴 다음 마늘, 토마토, 브로콜리를 팬에 넣어줍니다. 재료들이 살짝 노릇해질 때까지 2분간 볶은 다음 렌틸콩을 넣고 물을 두 번 정도 부어줍니다. 팬의 뚜껑을 덮고 브로콜리가 부드러워질 때까지 3분간 쪄주세요. 그런 다음 취향에 맞게 간을 하고 안심과 함께 드시면 됩니다.

| 열량 | 지방 | 포화지방 | 단백질 | 탄수화물 | 당류 | 나트륨 | 식이섬유 |
|---|---|---|---|---|---|---|---|
| 509kcal | 22.2g | 5.6g | 49.9g | 28.8g | 2.9g | 1g | 4.6g |

프라이팬

## 훈제 판체타 돼지고기 SMOKY PANCETTA PORK

양념장에 재운 저크, 구운 파인애플, 럼, 쌀 & 양배추

2인분 | 총 20분

파인애플 통조림 2개

돼지고기 안심 250g

타임 2줄기

훈제 판체타 4줄

저크 마리네이드 2작은술

골든 럼 50ml

흰 양배추 1/4통 (약 250g)

즉석 밥(250g) 1개

코팅된 30cm 프라이팬을 중간보다 센불에 올립니다. 프라이팬이 뜨거워지면 파인애플을 올려 살짝 그을릴 때까지 양면 모두 잘 구워줍니다(파인애플 통조림 안의 액체는 남겨둡니다). 파인애플을 접시에 옮겨 담은 후 작업대에 큰 유산지 한 장을 깔아주세요. 돼지고기는 힘줄을 제거하고 반으로 자른 후 각 조각의 3/4 지점을 잘라 책처럼 펼칠 수 있도록 합니다. 유산지에 재료를 놓고 후추로 밑간을 해 주세요. 타임 잎을 따서 올리고 판체타를 얹은 다음 올리브오일을 살짝 뿌립니다. 유산지를 접고 밀대로 두드려 0.5cm 두께로 납작하게 만들어 주세요. 팬에 판체타로 덮은 면이 아래로 향하도록 돼지고기를 올립니다. 고기 윗면에 저크를 펴 바르고 3분간 조리한 뒤 뒤집어서 럼주를 넣고 원할 경우 조심스럽게 불을 붙여줍니다(눈썹이 타지 않게 조심하세요!). 고기가 노릇노릇하게 완전히 익을 때까지 1분간 더 굽습니다. 그동안 양배추를 잘게 썰어주세요.

돼지고기가 노릇노릇해지면 접시로 옮긴 다음 남겨둔 파인애플 주스를 팬에 붓고 팬에 들러붙은 부분을 모두 떼어냅니다. 양배추와 밥도 차례로 넣어주세요. 완전히 익을 때까지 불에서 3분간 잘 섞어줍니다. 취향에 맞게 간을 맞춘 다음 잘 구운 돼지고기를 곁들여 맛있게 드세요.

| 열량 | 지방 | 포화지방 | 단백질 | 탄수화물 | 당류 | 나트륨 | 식이섬유 |
|---|---|---|---|---|---|---|---|
| 537kcal | 14.3g | 4.2g | 34.6g | 56.5g | 16.3g | 0.6g | 3.1g |

캐서롤 팬

## 돌돌 만 삼겹살 ROLLED PORK BELLY
구운 펜넬, 세이지 & 사프란 리소토

6~8인분(남은 돼지고기 포함)    |    준비 20분 / 조리 3시간 10분

세이지 2단 (총 40g)

껍질이 붙은 삼겹살 1.7kg (정육점에 요청)

펜넬 구근 4통

리소토 쌀 500g

사프란 1큰술

화이트 와인 150ml

파르메산 치즈 60g

오븐을 220℃로 예열해 주세요. 세이지는 잎을 따서 절구에 넣고 소금과 후추를 살짝 뿌려 으깨줍니다. 올리브오일과 레드와인 식초를 각각 3큰술씩 넣고 잘 섞어주세요. 돼지고기 전체에 양념을 잘 발라준 다음 세로로 돌돌 말아 5개의 끈으로 묶어 고정해 줍니다. 오븐의 바에 얹어주고 바로 아래에 크고 얕은 캐서롤 팬을 깔아 돼지고기의 육즙을 받아주세요. 1시간 동안 구워줍니다. 펜넬을 다듬어 4등분한 뒤 잎이 있는 윗부분은 떼어내 작은 물그릇에 넣어둡니다. 오븐에서 팬을 꺼내 4등분한 펜넬을 육즙 안에 넣어주세요. 온도를 180℃로 낮추고 완전히 익을 때까지 1시간 30분 동안 구워줍니다. 중간에 팬을 꺼내 펜넬을 흔들어 주세요.

팬을 가스레인지의 중간 불로 옮깁니다. 집게를 사용해 돼지고기와 펜넬의 절반을 접시에 옮겨준 후 쿠킹 호일로 잘 덮어 그대로 둡니다. 팬에 남은 펜넬은 으깨거나 잘게 부숴주세요. 주전자에 물을 끓여줍니다. 밥을 팬에 넣고 2분간 잘 저어준 뒤 사프란을 넣어주세요. 여기에 와인을 붓고 완전히 익혀줍니다. 끓인 물을 조금 넣고 완전히 흡수될 때까지 기다렸다가 물을 조금 더 붓습니다. 밥이 다 익을 때까지 약 20분간 물을 더 추가하면서 중간중간 저어줍니다. 파르메산을 곱게 갈아 넣고 잘 섞어준 뒤 취향에 맞게 간을 맞춥니다. 원하는 경우 파르메산을 더 넣고 물로 풀어줘 끈적끈적한 점도로 만들어 주세요. 쿠킹 호일을 벗겨내고 불을 끈 후 돼지고기를 묶은 끈을 제거하고 고기를 썰어줍니다. 물그릇에 넣어둔 펜넬 잎의 물기를 제거한 뒤 돼지고기에 뿌려주세요. 완성된 리소토와 함께 내갑니다.

| 열량 | 지방 | 포화지방 | 단백질 | 탄수화물 | 당류 | 나트륨 | 식이섬유 |
|---|---|---|---|---|---|---|---|
| 882kcal | 41.6g | 14.2g | 41g | 89.6g | 0.6g | 1.5g | 8.4g |

로스팅 트레이

## 소고기 윗다리살 구이 ROAST TOPSIDE OF BEEF

감자, 당근, 콜리, 양파, 토마토 & 파슬리 살사

4인분 (남은 고기 포함)  |  준비 14분 / 조리 2시간 20분

| | |
|---|---|
| 소고기 윗다리살 1.5kg | 큰 당근 6개 |
| 감자 4개 (총 1kg) | 콜리플라워 작은 것 1통 |
| 적양파 2개 | 이탈리안 파슬리 1단 (30g) |
| 마늘 1통 | 다양한 색깔의 토마토 350g |

오븐을 180°C로 예열해 주세요. 소고기에 올리브오일 1큰술을 뿌리고 소금과 후추를 넉넉히 뿌려 간을 한 후 고기 전체에 잘 문질러 줍니다. 30cm×40cm 크기의 오븐용 트레이에 올리고 오븐에 넣어 40분간 구워주세요. 그동안 감자는 2cm 두께로 자르고, 양파는 껍질을 벗겨 반으로 자릅니다. 마늘은 껍질을 벗기지 않은 상태로 구근을 분리해 주세요. 당근은 깨끗이 씻어 손질하고 2cm 길이로 잘라줍니다. 콜리플라워는 질긴 겉잎을 떼어내고 줄기를 다듬은 다음 4등분해 주세요.

집게를 사용해 소고기를 오븐의 바 위로 옮겨주고 아래에 트레이를 받쳐줍니다. 잠시 트레이를 꺼내 손질한 채소 전부를 넣어주세요. 이제 다시 오븐에 넣어주면 고기가 익으면서 그 육즙이 채소에 떨어질 겁니다. 40분간 구워준 뒤 소고기를 접시로 옮겨 쿠킹 호일과 깨끗한 마른행주로 잘 덮어주고 그대로 두세요. 채소가 들어 있는 트레이를 흔들어준 뒤 노릇하게 익을 때까지 한 시간 더 구워줍니다. 그동안 살사를 만들어 주세요. 파슬리 잎을 따서 토마토와 함께 잘게 다진 다음 엑스트라 버진 올리브오일과 레드와인 식초를 각각 2큰술씩 넣고 섞어줍니다. 취향에 맞게 간을 맞춰주세요. 소고기를 살펴봅시다. 남아 있는 육즙은 숟가락으로 떠서 살사에 넣어주고, 고기를 최대한 얇게 썰어 구운 야채와 살사와 함께 내갑니다.

| 열량 | 지방 | 포화지방 | 단백질 | 탄수화물 | 당류 | 나트륨 | 식이섬유 |
|---|---|---|---|---|---|---|---|
| 740kcal | 31.7g | 9.9g | 45.3g | 73.1g | 19.8g | 1.1g | 13g |

> 캐서롤 팬

## 레몬 허니 돼지갈비 LEMON HONEY PORK RIBS

달콤한 양파, 펜넬 & 마늘, 두툼한 감자 & 오레가노

4인분 | 준비 16분 / 조리 2시간 10분

적양파 2개

큰 펜넬 구근 1통

녹말이 적고 달콤한 감자 750g

마늘 1통

레몬 1개

묽은 꿀 4큰술

베이비 백 립 1.4kg

오레가노 1/2단 (10g)

오븐은 180°C로 예열하고 주전자에 물을 끓여주세요. 크고 얕은 캐서롤 팬을 중간보다 센불에 올립니다. 양파는 껍질을 벗겨 4등분하고, 펜넬도 다듬어 4등분해 주세요. 감자는 문질러서 깨끗하게 씻은 다음 크기에 따라 반 또는 4등분해 줍니다. 양파, 펜넬, 감자를 모두 마른 팬에 넣고 중간중간 뒤적여가며 살짝 익을 때까지 10분간 조리합니다. 마늘을 쪽으로 분리해 껍질을 벗기지 않은 상태로 넣어주세요. 끓인 물 100㎖를 붓고 소금과 후추로 간을 한 다음 센불에 올려줍니다. 잠시 끓는 동안 볼을 하나 꺼내 레몬을 짜서 즙을 내주고 꿀을 넣어 따로 두세요. 돼지갈비를 손질해 줍시다. 갈빗대를 반으로 자르고 올리브오일 1큰술을 뿌린 다음 소금과 후추를 살짝 뿌려 잘 문질러 줍니다. 돼지갈비가 채소 위를 덮도록 얹어주고 꾹 눌러 뚜껑처럼 만들어 주세요. 오븐에 넣어 1시간 30분 동안 구워줍니다. 중간에 한 번 꺼내 돼지갈비를 뒤집어 주세요.

팬을 꺼내 돼지갈비를 다시 뒤집은 다음, 오레가노 다발을 붓처럼 사용해 레몬 물을 전체적으로 발라줍니다. 오레가노 잎도 대강 다져서 위에 뿌려주세요. 오븐에 다시 넣고 온도를 150°C로 낮춘 후 고기가 부드러워질 때까지 마지막으로 30분간 구워줍니다. 갈비를 도마에 옮긴 다음 잘 구워진 마늘을 짜서 과육을 껍질과 분리한 다음 팬의 육즙에 잘 으깨주세요. 맛있는 그린 샐러드와 함께 내갑니다.

| 열량 | 지방 | 포화지방 | 단백질 | 탄수화물 | 당류 | 나트륨 | 식이섬유 |
|---|---|---|---|---|---|---|---|
| 629kcal | 26.6g | 9.2g | 38.6g | 63.8g | 23.8g | 1.1g | 7.4g |

## 간편한 양고기 핫팟 EASY LAMB HOTPOT

**완두콩, 민트, 아티초크 & 바삭한 감자**

4인분  |  준비 14분 / 조리 50분

오일에 절인 아티초크 하트(280g) 1통

양 목살 필레 400g

대파 1단

일반 밀가루 수북이 1큰술

민트 1단 (30g)

냉동 완두콩 400g

작은 감자 2개 (총 400g)

오븐은 180°C로 예열하고 주전자에 물을 끓여줍니다. 30cm 오븐용 프라이팬을 센불에 올리고 아티초크 병 안에 들어 있는 오일을 1큰술 떠서 둘러주세요. 양고기는 1cm 두께로 썰어 팬에 넣고 중간중간 뒤적여주며 전체적으로 노릇하게 구워줍니다. 대파를 다듬어 2cm 길이로 자른 다음 물기를 뺀 아티초크와 함께 팬에 넣어주세요. 소금과 후추로 간을 맞춘 다음 밀가루를 넣고 잘 저어줍니다. 레드와인 식초도 1큰술 넣어주세요. 계속해서 저으면서 끓인 물 600㎖를 천천히 부어줍니다. 중간중간 저어주면서 걸쭉해질 때까지 끓여주세요. 민트는 잎을 따서 잘게 다진 후 냉동 완두콩과 함께 팬에 넣어 잘 섞어줍니다. 그리고 불을 꺼주세요. 감자를 깨끗이 문질러 씻고 0.5cm 두께로 얇게 썰어준 다음 팬에 올려 내용물을 덮어줍니다. 뒤집개로 살짝 눌러 스튜의 국물을 묻혀주세요. 오븐에 넣어 노릇해질 때까지 50분 동안 구운 뒤 내갑니다.

| 열량 | 지방 | 포화지방 | 단백질 | 탄수화물 | 당류 | 나트륨 | 식이섬유 |
|---|---|---|---|---|---|---|---|
| 486kcal | 24.6g | 9.6g | 29.6g | 38g | 3.8g | 1.4g | 7.8g |

로스팅 트레이

## 클레멘타인 로스트 덕 CLEMENTINE ROAST DUCK

생강, 마늘, 브뤼셀 양배추, 해선장, 면 & 특제 고추기름

4인분(남은 고기 포함)  |  준비 시간 22분 / 조리 시간 2시간 10분

클레멘타인 또는 오렌지 2개

통오리 1마리 (2kg)

마늘 1통

생강 조각(10cm) 1개

해선장 소스 3큰술

브뤼셀 양배추 또는 케일 300g

에그 누들 중면(60g) 네 덩이

사천 고추기름 (서빙용)

오븐을 190℃로 예열해 주세요. 클레멘타인이나 오렌지의 껍질을 곱게 갈아 절구에 넣어주세요. 소금과 후추를 약간 넣고 곱게 빻아준 다음 올리브오일 1큰술을 넣고 잘 섞어줍니다. 오리를 25cm×35cm 오븐용 트레이에 올려 클레멘타인이나 오렌지 제스트가 들어 있는 오일을 구석구석 잘 발라 문질러 주세요. 껍질을 벗기지 않은 마늘 구근을 쪼개줍니다. 생강은 껍질을 벗기고 대강 잘라준 뒤 마늘과 생강을 오리의 비어 있는 부분에 넣어주세요. 오븐에 넣고 2시간 동안 구워줍니다.

주전자에 물을 끓여주세요. 집게로 오리를 들어올려 마늘과 생강을 쟁반에 떨어트린 다음 오리를 도마 위에 옮겨줍니다. 해선장 2큰술을 오리 전체에 발라준 다음 그대로 잠시 두세요. 트레이에 남아 있는 오일을 숟가락으로 떠서 잼 병에 옮기고 다른 요리를 위해 보관해 둡니다. 포크를 사용해 트레이에 있는 부드러워진 생강과 마늘쪽을 으깨주고, 마늘 껍질은 버려주세요. 트레이를 가스레인지의 중간 불에 올리고 물을 살짝 부어 저어주며 바닥에 눌어붙은 부분을 모두 긁어냅니다. 브뤼셀 양배추 또는 케일을 찢어 넣고 5분간 뒤적거리며 조리해 주세요. 면을 집게로 집어 채소 아래에 집어넣은 다음 끓인 물 600㎖를 부어줍니다. 완전히 익을 때까지 5분간 끓여주고, 그동안 클레멘타인 또는 오렌지 껍질을 벗겨 얇게 잘라주세요. 남은 해선장 1큰술을 트레이에 넣고 면과 채소에 잘 버무린 후 취향에 따라 간을 맞춰줍니다. 원한다면 고추기름도 넣어주세요. 오리와 얇게 썬 클레멘타인 또는 오렌지에 뿌려 먹을 고추기름과 함께 내갑니다.

| 열량 | 지방 | 포화지방 | 단백질 | 탄수화물 | 당류 | 나트륨 | 식이섬유 |
|---|---|---|---|---|---|---|---|
| 370kcal | 14g | 3.7g | 35.5g | 27.4g | 6.9g | 1.4g | 2.9g |

227

> 로스팅 트레이

## 피스타치오 타프나드 양고기 PISTACHIO TAPENADE LAMB

**병아리콩, 쿠스쿠스, 민트, 레몬 & 토마토**

2인분  |  총 31분

| | |
|---|---|
| 껍질을 벗긴 무염 피스타치오 30g | 양갈비 4조각 (총 400g) |
| 민트 1단 (30g) | 병아리콩(700g) 1/2병 또는 400g 분량 통조림 2통 |
| 그린 올리브 타프나드 1큰술 | 통밀 쿠스쿠스 100g |
| 레몬 1개 | 큰 비프 토마토 1개 |

오븐을 180°C로 예열해 주세요. 민트에서 모양이 예쁜 잎은 몇 개 떼어 남겨둔 다음, 나머지 민트를 절구에 넣어줍니다. 피스타치오를 모두 넣고 민트 잎과 함께 잘 빻아 가루로 만들어 주세요. 타프나드를 넣고 잘 섞어줍니다. 레몬을 반으로 잘라 꼭지를 제거한 뒤 반은 남겨두고, 나머지는 껍질과 과육을 함께 잘게 다져줍니다. 주전자에 물을 끓여주세요. 작은 오븐용 트레이에 올리브오일 1큰술을 두르고 중간보다 센불에 올립니다. 양갈비에 밑간을 한 뒤 트레이에 올려 양면이 노릇해질 때까지 구워준 후 도마 위로 옮겨주세요.

이제 불을 끄고 병아리콩과 병에 들어 있던 국물을 전부 트레이에 부어줍니다. 잘게 다진 레몬을 뿌린 뒤 쿠스쿠스를 넣고 잘 섞어주세요. 소금과 후추로 간을 한 다음 끓인 물을 부어 잠기도록 합니다. 토마토를 동그란 모양으로 얇게 썰어 쿠스쿠스 위에 얹어주세요. 양갈비를 그 위에 올려 덮은 다음 타프나드를 나누어 숟가락으로 떠서 올립니다. 오븐에 넣고 15분간 구운 후 남겨두었던 장식용 민트 잎을 뿌리고 예쁘게 자른 레몬 조각과 함께 내갑니다.

| 열량 | 지방 | 포화지방 | 단백질 | 탄수화물 | 당류 | 나트륨 | 식이섬유 |
|---|---|---|---|---|---|---|---|
| 881kcal | 53.7g | 18.2g | 42.7g | 57.9g | 4.4g | 1.5g | 11.6g |

캐서롤 팬

## 나의 핫 & 사워 수프 MY HOT & SOUR SOUP

김치, 돼지고기, 채소, 계란, 특제 고추기름 & 만두

4인분 | 총 21분

| | |
|---|---|
| 기름기가 적은 돼지고기 다짐육 250g | 볶음용 채소(320g) 1봉지 |
| 김치 100g | 저염 간장 2큰술 |
| 신선한 닭 육수 1.5L | 사천 고추기름 1큰술 |
| 팽창제 혼합 밀가루 100g | 달걀 2개 |

크고 깊은 캐서롤 팬을 센불에 올립니다. 팬에 올리브오일을 살짝 뿌린 후 돼지고기 다짐육을 넣고 나무 숟가락으로 잘게 부숴줍니다. 중간중간 뒤적여주며 익힌 다음 노릇노릇해지면 김치를 잘게 다져 넣고 잘 섞어주세요. 닭 육수를 붓고 끓여줍니다. 그동안 밀가루와 물 60㎖를 포크로 잘 섞어 부드러운 반죽을 만들어 줍니다.

반죽을 조금씩 떼어내어 도마 위에 놓고 손바닥에 힘을 줘 굴려주세요. 불규칙하고 울퉁불퉁한 만두 모양을 만든 다음 보글보글 끓는 육수에 바로 떨어뜨려 줍니다. 볶음용 채소를 잘게 다져서 넣어준 뒤, 다시 한 번 끓여주세요. 여기에 간장, 레드와인 식초 2큰술, 고추기름을 넣고 잘 섞어줍니다. 살짝 맛을 보고 간을 맞춰주세요. 그릇에 달걀을 깨서 포크로 잘 휘저어준 다음 닭 육수에 넣어줍니다. 완전히 익을 때까지 30초 동안 저어주세요. 취향에 따라 고추기름을 조금 더 넣어준 뒤 맛있게 드시면 됩니다.

| 열량 | 지방 | 포화지방 | 단백질 | 탄수화물 | 당류 | 나트륨 | 식이섬유 |
|---|---|---|---|---|---|---|---|
| 314kcal | 11.3g | 3g | 28.7g | 25.5g | 4.8g | 1.7g | 4.2g |

로스팅 트레이

## 거대한 마드라스맛 미트볼 GIANT MADRAS-SPICED MEATBALLS

양고기, 렌틸콩 & 망고 처트니, 고슬고슬한 밥, 시금치 & 요거트

6인분  |  준비 12분 / 조리 1시간

| | |
|---|---|
| 렌틸콩 통조림 1통 (400g) | 바스마티 쌀 1컵 (300g) |
| 기름기 적은 양고기 다짐육 500g | 냉동 시금치 400g |
| 마드라스 커리 페이스트 4큰술 | 망고 처트니 6작은술 |
| 홍고추 4개 | 천연 요거트 4큰술 |

오븐을 200°C로 예열해 주세요. 25cm×35cm 크기의 오븐용 트레이에 올리브오일을 살짝 발라줍니다. 렌틸콩의 물기를 잘 제거한 후 볼에 콩을 모두 부어줍니다. 양고기, 마드라스 커리 페이스트, 소금과 후추 약간을 넣고 으깨서 잘 섞어주세요. 미트볼 반죽을 6등분하여 큰 공 모양으로 만들어준 다음 트레이에 올려줍니다. 빈 곳에 고추를 찔러 넣고 오븐에 넣어 20분간 구워주세요.

오븐에서 트레이를 꺼내 고추를 잠시 꺼내둡니다. 미트볼 주변에 쌀을 뿌리고 끓인 물 2컵(600㎖)을 부어주세요. 트레이 빈 곳에 냉동 시금치를 찔러 넣습니다. 고추를 다시 위에 올리고 쿠킹 호일로 단단히 덮은 후 오븐에 넣어 20분간 다시 구워줍니다. 트레이를 꺼내 쿠킹 호일을 들어 올려주세요. 포크를 사용하여 시금치를 밥 안에 밀어 넣고 잘 섞어줍니다. 다시 뚜껑을 덮고 오븐에 넣어 밥이 보슬보슬해질 때까지 20분간 더 구워주세요. 트레이를 꺼내 쿠킹 호일을 제거한 뒤 미트볼 위에 망고 처트니를 1작은술씩 발라줍니다. 밥과 시금치는 뒤적여주고 취향에 맞게 간을 맞춰주세요. 취향에 따라 구워진 고추 몇 개를 얇게 썰어 뿌려줍니다. 요거트와 망고 처트니를 곁들여 드셔도 좋아요.

### 채식 버전

양고기 다짐육 대신 다진 채소로 바꿔주기만 해도 됩니다. 푸드 프로세서에 넣어 빠르게 갈아주면 더 잘 뭉쳐질 거예요. 채소 볼은 모양이 망가지기 쉬우니 더 조심스럽게 다뤄주세요!

| 열량 | 지방 | 포화지방 | 단백질 | 탄수화물 | 당류 | 나트륨 | 식이섬유 |
|---|---|---|---|---|---|---|---|
| 441kcal | 14.2g | 5.8g | 26.5g | 54.4g | 5.7g | 1g | 1.6g |

프라이팬

## 미소 된장에 구운 스테이크 MISO SEARED STEAK
**국수, 배추, 대파, 라임 & 고추**

2인분 | 총 14분

| | |
|---|---|
| 등심 스테이크 120g | 바로 조리할 수 있는 중면(150g) 2봉지 |
| 대파 1단 | 붉은 미소 된장 수북이 2큰술 |
| 홍고추 1개 | 라임 2개 |
| 배추 1/2통 | 맑은 꿀 1작은술 |

등심 스테이크에 후추로 간을 한 다음 30cm의 코팅된 프라이팬을 중간보다 센불에 올려줍니다. 집게를 이용해 스테이크를 들어 올려 지방이 많은 쪽을 아래로 하여 세워주세요. 바삭하고 노릇해지면 방향을 바꿔 옆면을 모두 구워줍니다. 중간 불로 바꾼 다음 양쪽 면을 2분씩 익혀주세요. 취향에 따라 굽기는 조절 가능합니다. 대파는 다듬고 고추는 반으로 길게 잘라 팬에 넣어주세요. 까맣게 그을은 부분이 생기면 접시에 옮겨 담고 그 위에 스테이크를 올려 식혀줍니다.

배추를 세로로 가늘게 썰어 달군 팬에 넣어주세요. 중면을 분리한 후 팬에 넣고 살짝 익을 때까지 중간중간 잘 섞어줍니다. 그동안 미소 된장에 라임 1개 반 정도의 즙을 넣습니다. 여기에 꿀을 뿌려준 뒤 물을 붓고 잘 풀어 숟가락으로 떠먹을 수 있는 점도의 드레싱을 만들어 주세요. 중면과 배추를 접시에 나누어 담고 대파와 고추를 얹습니다. 그 위에 등심 스테이크를 얇게 썰어 올리고 미소 드레싱과 남은 국물을 부어줍니다. 예쁘게 자른 라임 조각과 함께 내갑니다.

### 채식 버전
등심 스테이크를 포토벨로 버섯 2개로 바꿔보세요. 아무것도 두르지 않은 팬에서 8분간 잘 볶아주면 고소하게 조리됩니다. 미소 드레싱을 붓고 한 김 식힌 뒤 잘라주세요.

| 열량 | 지방 | 포화지방 | 단백질 | 탄수화물 | 당류 | 나트륨 | 식이섬유 |
|---|---|---|---|---|---|---|---|
| 398kcal | 10.7g | 3.9g | 25.2g | 49.2g | 8.1g | 1.9g | 3.5g |

만능 요리는 여러분의 시간과 돈을 절약해 줍니다.

간편하면서도 맛있고, 언제든지 꺼내 바로 데워 먹기에도

정말 좋은 홈메이드 요리 방법을 알려드릴게요.

그 과정을 즐겨보세요.

만능 요리

캐서롤 팬

## 고구마 칠리 SWEET POTATO CHILLI

검은콩, 치폴레, 커민, 고수 & 페타

12인분　|　준비 12분 / 조리 2시간

고구마 6개 (각 250g)

커민 씨앗 1작은술

치폴레 칠리 페이스트 1통 (95g)

신선한 또는 냉동된 다진 양파, 당근, 셀러리 혼합 500g

고수 1/2단 (15g)

검은콩 통조림(400g) 3통

토마토 홀 통조림(400g) 3통

페타 치즈 60g

오븐을 180°C로 예열해 주세요. 크고 깊은 캐서롤 팬을 중간보다 센불에 올립니다. 고구마 껍질을 벗겨 팬에 넣고 올리브오일 1큰술을 두른 뒤 중간중간 뒤집어가며 5분간 볶아줍니다. 고구마가 노릇해지기 시작하면 팬 한쪽으로 밀어주고 커민을 넣어주세요. 지글지글 볶아준 다음 치폴레 칠리 페이스트를 숟가락으로 긁어 모두 넣어주고, 2병(190g) 분량의 물을 부어줍니다. 다진 채소도 모두 부어 넣어줍니다. 고수는 잎을 따서 따로 남겨둔 다음 줄기 부분만 잘게 다져 넣어주세요. 오븐에 넣고 1시간 동안 구워줍니다.

오븐에서 팬을 꺼내 검은콩 통조림의 내용물을 전부 부어줍니다. 토마토는 깨끗한 손으로 부숴 넣고 통조림 1개 분량의 물을 받아 추가해 주세요. 잘 섞어준 다음 고구마가 부드러워질 때까지 1시간 더 구워줍니다. 취향에 맞게 간을 맞추세요. 바로 드실 경우, 페타 치즈를 부숴 얹어주고 남겨두었던 고수 잎을 잘게 찢어 뿌린 후 서빙합니다. 드신 후 남은 음식은 나중에 먹을 수 있도록 냉장고나 냉동실에 보관해 주세요. 240쪽에서 제가 즐겨 쓰는 남은 음식 활용법을 확인하실 수 있습니다.

| 열량 | 지방 | 포화지방 | 단백질 | 탄수화물 | 당류 | 나트륨 | 식이섬유 |
|---|---|---|---|---|---|---|---|
| 229kcal | 3.4g | 1g | 8.8g | 38.8g | 13g | 0.6g | 12g |

## 고구마 칠리 나초 SWEET POTATO CHILLI NACHOS

칠리소스를 뜨겁게 데운 다음 숟가락으로 떠서 바삭한 토르티야 칩에 얹어주세요.
체더 치즈를 갈아서 뿌리고 할라피뇨 조각이나 신선한 고수, 또는 베이비 민트 잎으로 마무리해도 좋습니다.

## 고구마 칠리 퀘사디아 SWEET POTATO CHILLI QUESADILLA

2인용 요리입니다. 남은 고구마를 잘게 부순 후 치즈를 토르티야 2장 사이에 갈아 넣고
가열한 프라이팬에서 양면이 노릇해질 때까지 구워줍니다. 그다음 칠리소스를 빠르게 다시 데워
뜨겁게 익혀주세요. 할라피뇨, 요거트, 고수를 추가합니다.

## 고구마 칠리 수프 & 아보카도 SWEET POTATO CHILLI SOUP & AVO

남은 고구마 일부를 꺼내 썰어줍니다. 블렌더에 칠리소스를 약간 넣고, 필요하면 물을 조금 넣어
풀어주면서 갈아주세요. 고구마와 칠리소스를 팬에 넣고 뜨거워질 때까지 다시 데운 다음
잘 익은 아보카도 조각과 신선한 고수 잎, 요거트나 사워크림, 구운 토르티야와 함께 내놓습니다.

## 고구마 칠리 샐러드 볼 SWEET POTATO CHILLI SALAD BOWL

칠리소스를 뜨겁게 데운 다음, 밥과 아삭한 샐러드와 함께 드세요. 샐러드로는 잘게 썬 당근과 즙이
많은 토마토에 레몬과 신선한 고수를 곁들인 것을 추천합니다. 요거트나 사워크림을 얹고
매운 칠리소스를 살짝 뿌린 뒤 페타 치즈를 조금 곁들여 주세요.

## 고구마 칠리 랩 SWEET POTATO CHILLI WRAP

칠리소스를 뜨겁게 데운 다음 숟가락으로 떠서 따뜻한 토르티야에 올립니다.
잘게 썬 리틀 젬 양상추와 신선한 어린 민트 잎을 추가하고, 페타 치즈를 살짝 부숴 뿌려주세요.
예쁘게 자른 라임 조각을 곁들여 내가세요.

## 고구마 칠리 구운 감자 SWEET POTATO CHILLI JACKET

고전적인 레시피입니다. 칠리를 뜨겁게 데운 다음 숟가락으로 떠서 바삭하게 구운 감자에 얹어주세요.
요거트나 사워크림을 한 덩이 얹고 페타 치즈 약간, 고수 잎 몇 장을 곁들여 먹습니다.

캐서롤 팬

## 50/50 볼로네제 50/50 BOLOGNESE

고기, 렌틸콩, 향긋한 채소, 훈제 판체타 & 로즈마리

12인분 | 총 2시간 40분

로즈마리 1/2줄기 (10g)

훈제 판체타 6줄

소고기 또는 돼지고기 다짐육 750g

마늘 8쪽

신선한 또는 냉동된 다진 양파, 당근, 셀러리 혼합 500g

발사믹식초 5큰술

렌틸콩 통조림(400g) 3통

토마토 홀 통조림(400g) 4통

크고 깊은 캐서롤 팬을 중간보다 센불에 올립니다. 로즈마리는 잎을 따서 잘게 다지고, 판체타도 얇게 썰어줍니다. 팬에 올리브오일 3큰술을 두른 뒤 로즈마리와 판체타를 넣고 살짝 노릇해질 때까지 중간중간 뒤적여줍니다. 다짐육을 넣고 잘 섞어준 다음 숟가락으로 잘게 부숩니다. 중간중간 뒤적여 주면서 갈색이 될 때까지 15분간 익혀주세요. 마늘은 껍질을 벗기고 편으로 썰고, 다진 혼합 채소와 함께 넣은 후 소금과 후추로 간을 해 주세요. 15분간 더 조리하면서 계속 저어줍니다.

발사믹을 넣고 잘 섞어준 다음 렌틸콩과 통조림 안의 국물을 모두 부어주세요. 깨끗한 손으로 토마토를 잘 으깨어 넣고 네 개의 토마토 통조림에 물을 반 정도씩 채워줍니다. 잘 휘저어 섞은 다음 팬에 부어주세요. 내용물이 끓기 시작하면 중약불로 줄인 다음 걸쭉해질 때까지 2시간 동안 끓여줍니다. 중간중간 저어주세요. 취향에 맞게 간을 맞춘 후 그대로 드셔도 좋고, 드신 후 남은 음식은 나중에 먹을 수 있도록 냉장고나 냉동실에 보관합니다. 244쪽에서 제가 즐겨 쓰는 남은 음식 활용법을 확인해 보세요.

| 열량 | 지방 | 포화지방 | 단백질 | 탄수화물 | 당류 | 나트륨 | 식이섬유 |
|---|---|---|---|---|---|---|---|
| 287kcal | 14.8g | 5.2g | 19.8g | 19g | 8g | 0.4g | 2.2g |

## 파파르델레 볼로네제 PAPPARDELLE BOLOGNESE

센불에 올린 프라이팬에 볼로네제 1인분과 끓는 물 300㎖를 섞어줍니다.
생 라자냐 시트 125g을 2cm 길이로 길게 자르고, 볼로네제 소스에 담가 중간중간 저어가며
4분간 익혀주세요. 파르메산 치즈를 곁들여 드세요.

## 볼로네제 파스타 베이크 BOLOGNESE PASTA BAKE

스파게티, 파르팔레, 펜네 등 익힌 파스타가 남았다면 멋지게 활용할 수 있는 방법입니다.
파스타와 볼로네즈를 오븐용 트레이에 넣고 잘 섞어주세요. 모차렐라 치즈를 찢어 올리고,
파르메산 치즈는 갈아서 추가한 다음 요리가 황금빛을 띠며 보글보글 끓어올라
잘 익을 때까지 오븐에서 구워주세요.

## 슬로피 조 SLOPPY JOE

볼로네제를 뜨겁게 데운 다음 부드럽게 구운 번 사이에 올리고 그뤼에르 치즈와 같이
잘 녹는 치즈를 갈아서 얹어주세요. 그릴 아래에 놓고 치즈를 녹여도 좋습니다.
오이 피클과 곁들여 먹으면 정말 맛있을 거예요.

## 코티지 파이 COTTAGE PIE

껍질을 벗긴 감자와 고구마 덩어리를 얕은 캐서롤 팬에 넣고 부드러워질 때까지 끓입니다.
물기를 빼고 약간의 올리브오일이나 버터를 넣어 잘 으깬 다음 취향에 맞게 간을 맞춥니다.
볼로네제 소스를 숟가락으로 떠서 팬에 넣고 으깬 감자와 고구마로 잘 덮은 다음
노릇하게 익을 때까지 오븐에서 구워주세요.

245

캐서롤 팬

## 양념한 렌틸콩 스튜 SPICED LENTIL STEW

마늘, 생강, 토마토, 코코넛 & 망고 처트니

14인분  |  총 1시간

신선한 또는 냉동된 다진 양파, 당근, 셀러리 혼합 500g

생강 조각 8cm

마늘 8쪽

커리 페이스트(잘프레지) 수북이 3큰술

망고 처트니 2큰술

레드 스플릿 렌틸콩 1kg

파사타 소스(690g) 2병

저지방 코코넛 밀크 통조림(400g) 2통

크고 깊은 캐서롤 팬에 올리브오일 1큰술을 두르고 다진 혼합 채소를 넣어주세요. 중간 불에 올려 중간중간 저어주면서 10분간 조리합니다. 그동안 생강은 껍질을 벗겨 잘게 다지고 마늘은 껍질을 벗겨 편으로 썰어주세요. 팬에 생강과 마늘, 커리 페이스트를 넣고 잘 섞어준 뒤 가끔 저어주면서 5분간 익혀줍니다. 망고 처트니를 넣고 섞은 다음 렌틸콩을 전부 넣어줍니다. 여기에 파사타를 부어준 뒤 파사타 병 3개 분량의 물을 부어주세요. 뚜껑을 덮고 보글보글 끓을 때까지 기다린 뒤 약한 불로 줄여 40분간 익혀줍니다. 중간에 뚜껑을 열고 잘 섞어주세요. 뚜껑을 열고 코코넛 밀크를 부어 잘 섞어준 다음 취향에 맞게 간을 맞춥니다. 그대로 드셔도 좋고, 드신 후 남은 음식은 나중에 먹을 수 있도록 냉장고나 냉동실에 보관해 주세요. 248쪽에서 제가 즐겨 쓰는 남은 음식 활용법을 확인하실 수 있습니다.

| 열량 | 지방 | 포화지방 | 단백질 | 탄수화물 | 당류 | 나트륨 | 식이섬유 |
|---|---|---|---|---|---|---|---|
| 347kcal | 7.8g | 3.6g | 19.4g | 52g | 11.2g | 0.5g | 2g |

## 렌틸콩 스튜 & 흰살 생선 LENTIL STEW & WHITE FISH

프라이팬에 스튜를 붓고 물로 조금 풀어준 다음 껍질을 벗긴 흰살 생선 필레와 껍질을 벗긴 생새우, 부드러운 줄기의 브로콜리 끝을 넣고 뚜껑을 덮어줍니다. 재료가 모두 익고 스튜가 뜨거워질 때까지 끓여주세요. 먹기 전에 하리사 소스를 뿌려서 내가면 됩니다.

## 렌틸콩 수프 & 노릇한 파니르 치즈 LENTIL SOUP & GOLDEN PANEER

큐브 형태의 파니르 치즈와(열에 녹지 않는다) 얇게 썬 고추를 볶아주세요. 살짝 노릇해지면 팬에서 파니르 치즈와 고추를 꺼냅니다. 스튜를 부어 뜨겁게 데운 다음 다시 물을 충분히 붓고 수프 질감으로 졸여주세요. 파니르, 고추, 고수, 포파덤을 곁들여 내갑니다.

## 렌틸콩 스튜 & 하리사 달걀 LENTIL STEW & HARISSA EGGS

프라이팬에 스튜를 붓고 뜨겁게 데워줍니다. 스튜가 걸쭉해지고 거의 끓기 시작하면 발사믹 드레싱을 뿌린 간단한 제철 샐러드를 그릇에 준비합니다. 달걀을 원하는 정도로 익혀 샐러드에 올리고 하리사 소스를 뿌려 마무리합니다.

## 렌틸콩 토스트 LENTIL TOASIE

스튜에 체더 치즈나 여러분이 좋아하는 잘 녹는 치즈를 곁들여 구운 토스트로 즐겨보세요. 화이트, 통밀, 그래너리, 브레빌, 팬 등 어느 빵이든 좋습니다! 망고 처트니에 찍어 먹으면 정말 맛있어요.

249

로스팅 트레이

## 놀라운 풀드 포크 OUTRAGEOUS PULLED PORK

사과, 당근, 육두구, 식초, 세이지와 함께 천천히 굽기

14인분 | 준비 15분 / 조리 5시간

돼지 어깨살 1/2개 (4.5kg)

통육두구 1개 (갈아줄 용도)

적양파 4개

큰 당근 4개

사과 4개

세이지 1단 (20g)

마늘 1통

오븐을 200℃로 예열하세요. 이 레시피는 꼭 맞는 오븐용 트레이를 사용하는 것이 중요합니다. 돼지 어깨살을 트레이에 올리고 올리브오일과 레드와인 식초를 각각 2큰술씩 뿌린 후 육두구를 통째로 곱게 갈아 올려주세요. 소금과 후추로 넉넉히 간을 한 후 잘 문질러 줍니다. 양파는 껍질을 벗겨 반으로 자르고, 당근은 씻어서 반으로 길게 잘라주세요. 사과를 4등분하고 씨앗을 제거합니다. 세이지 잎을 따주세요. 돼지고기 밑에 양파, 당근, 사과, 세이지 잎, 껍질을 벗기지 않은 통마늘을 넣어줍니다. 오븐에서 2시간 동안 구운 후 온도를 150℃로 낮추고 고기가 쉽게 분리될 때까지 3시간 동안 더 익혀주세요. 고기가 메마르지 않도록 가끔 물을 추가해 줍니다.

돼지고기 껍질을 모두 떼어내 따로 둡니다. 돼지고기를 도마로 옮겨 식히고, 트레이에 남은 지방을 숟가락으로 떠내 잼 병에 담습니다(다른 요리에 맛을 내기 위해 보관해 두세요). 마늘을 으깨서 껍질과 부드러운 과육을 분리하고 당근, 양파, 사과를 으깨주세요. 돼지고기를 다시 트레이에 넣은 뒤 포크 두 개를 사용하여 잘게 찢어줍니다. 연골 조각과 뼈는 모두 제거해 주세요. 트레이에 남은 육즙이 돼지고기에 충분히 밸 때까지 잘 섞고, 취향에 맞게 간을 맞춥니다. 돼지고기 껍질을 잘게 부러뜨려 위에 올린 다음 그대로 내가도 좋고, 오븐에 잠시 보관해도 좋아요. 남은 음식은 나중에 먹을 수 있도록 냉장고나 냉동실에 보관합니다. 252쪽에서 제가 즐겨 쓰는 남은 음식 활용법을 확인해 보세요.

| 열량 | 지방 | 포화지방 | 단백질 | 탄수화물 | 당류 | 나트륨 | 식이섬유 |
|---|---|---|---|---|---|---|---|
| 376kcal | 26.2g | 8.4g | 28.6g | 7.2g | 5.4g | 0.4g | 1.6g |

## 풀드 포크 롤빵 PULLED PORK BAP

프라이팬에 물을 조금 뿌리고 돼지고기가 살짝 노릇해질 때까지 뜨겁게 데워
롤빵이나 번에 쌓아줍니다. 홀그레인 머스터드, 치즈, 양파 튀김, 아루굴라 한 뭉치,
그리고 코니숑이나 피클 몇 개도 함께 넣고 맛있게 드세요.

## 돼지고기 누들 컵 PORK NOODLE CUPS

프라이팬에 물을 살짝 뿌리고 돼지고기와 얇게 썬 고추, 땅콩을 넣어 바삭하게 익혀주세요.
그다음 레드와인 식초, 묽은 꿀, 익힌 면을 넣고 잘 섞습니다. 아이스버그 양상추를 접시처럼
사용해 내용물을 담고 라임 조각을 곁들여 내가면 됩니다.

## 돼지고기 볶음밥 PORK FRIED RICE

프라이팬에 물을 조금 뿌리고 돼지고기, 해선장 소스, 냉동 완두콩, 밥을 넣어 뜨겁게 데워줍니다.
달걀을 풀고 익을 때까지 잘 섞어주세요. 볶음밥에 얇게 썬 파를 뿌리고
오렌지 조각과 함께 내가면 완성입니다.

## 돼지고기 & 콩 PORK & BEANS

프라이팬에 물을 조금 뿌리고 돼지고기가 바삭해질 때까지 가열한 다음 따로 덜어둡니다.
빈 팬에 카넬리니 콩 통조림의 내용물을 전부 붓고, 국물이 졸아들 때까지 끓여주세요.
돼지고기와 콩에 신선하고 부드러운 허브와 잘게 썬 적양파 절임을 얹어 맛있게 드세요.

## 베네딕트 스타일 돼지고기 PORK, BENEDICT-STYLE

프라이팬에 물을 조금 뿌리고 돼지고기가 바삭해질 때까지 가열한 다음 달걀을 풀고 익힙니다.
어린 시금치를 추가해 숨이 죽을 때까지 잘 볶고, 잉글리시 머스터드 약간에 크렘 프레슈를 섞어주세요.
그다음 버터를 발라 구운 잉글리시 머핀 사이에 모든 재료를 차곡차곡 얹으면 완성입니다.

## 풀드 포크 피자 PULLED PORK PIZZA

마르게리타 피자에 돼지고기, 얇게 썬 고추, 부드러운 줄기 브로콜리(반으로 길게 잘라주세요)를 뿌리고
포장지에 쓰인 대로 조리합니다. 냉동 피자 외에 직접 만든 피자를 사용해도 좋습니다.
엑스트라 버진 올리브오일을 살짝 둘러 맛있게 드세요.

253

캐서롤 팬

## 병아리콩 & 호박 캐서롤 CHICKPEA & SQUASH CASSEROLE

파프리카, 버섯, 마늘, 블랙 올리브 타프나드 & 토마토

12인분  |  준비 33분 / 조리 1시간 30분

땅콩호박 1개 (1.2kg)

양송이버섯 400g

양파 4개

다양한 색깔의 파프리카 4개

마늘 2쪽

블랙 올리브 타프나드 2큰술

병아리콩 병(700g) 2병 또는 400g

분량 통조림 4통

토마토 홀 통조림(400g) 2통

오븐을 180°C로 예열해 주세요. 호박을 씻어서 다듬고(껍질을 벗길 필요는 없어요!) 반으로 길게 잘라 씨를 제거합니다. 호박을 껍질이 아래로 향하도록 오븐의 바에 놓고, 크고 깊은 캐서롤 팬을 센불에 올려주세요. 버섯을 찢어 마른 팬에 넣은 다음 중간중간 저어가며 10분간 볶아 고소함을 살려줍니다. 그동안 양파 껍질을 벗기고 파프리카 씨를 제거한 후 모두 큼직하게 잘라주세요. 그다음 팬에 넣고 10분간 더 볶습니다. 마늘은 껍질을 벗기고 편으로 썰어 넣고 올리브오일, 레드와인 식초, 타프나드를 2큰술씩 추가해 주세요. 소스가 증발할 때까지 기다렸다가 팬에 병아리콩과 통조림에 든 국물을 모두 붓습니다. 토마토는 깨끗한 손으로 으깨 넣고, 통조림 2통 분량의 물을 넣어주세요. 스튜가 끓기 시작하면 호박 껍질이 아래로 향하도록 올리고 오븐에서 1시간 30분간 굽습니다. 호박이 부드럽게 익으면서 국물이 걸쭉해지고 맛있어질 겁니다.

숟가락으로 호박을 대충 으깨 스튜에 잘 섞고 취향에 맞게 간을 맞춰주세요. 맛있게 먹고 남은 음식은 나중에 먹을 수 있도록 냉장고나 냉동실에 보관합니다. 256쪽에서 제가 즐겨 쓰는 남은 음식 활용법을 확인해보세요.

| 열량 | 지방 | 포화지방 | 단백질 | 탄수화물 | 당류 | 나트륨 | 식이섬유 |
|---|---|---|---|---|---|---|---|
| 181kcal | 4.4g | 0.6g | 8.2g | 28.6g | 12.4g | 0.2g | 8g |

### 병아리콩 & 호박 커리 CHICKPEA & SQUASH CURRY

팬에 캐서롤을 뜨겁게 데운 후 코르마 커리 페이스트를 약간 추가해 매콤함을 더해주세요. 어린 시금치를 넣고 숨이 죽을 때까지 잘 섞어줍니다. 좋아하는 종류의 밥과 요거트 한 덩이, 망고 처트니 한 덩이를 곁들이고 포파덤과 함께 내가면 됩니다.

### 토스트 위에 바른 병아리콩 & 호박 CHICKPEA & SQUASH ON TOAST

캐서롤을 팬에 넣고 뜨겁게 데웁니다. 두꺼운 토스트 한 조각에 좋아하는 페스토를 발라 버터에 구운 뒤 함께 드세요. 버팔로 모차렐라 치즈를 으깨어 올리고, 신선한 바질 잎을 뿌려 드셔도 좋습니다.

### 스페인 스타일 병아리콩 & 호박 CHICKPEA & SQUASH, SPANISH-STYLE

프라이팬에 캐서롤을 뜨겁게 데운 다음 한쪽으로 밀어두고 통조림 햇감자와 얇게 썬 초리조를 볶아줍니다. 캐서롤, 햇감자, 초리조를 그릇에 담고 레몬을 뿌린 이탈리안 파슬리를 듬뿍 얹어 마무리해주세요.

### 병아리콩 & 호박 쿠스쿠스 CHICKPEA & SQUASH COUSCOUS

캐서롤을 뜨겁게 데운 다음 천연 요거트와 하리사 소스를 골고루 뿌려주세요. 푹신한 쿠스쿠스에 캐서롤을 얹고, 신선한 고수나 베이비 민트 잎을 뿌리면 완성입니다.

이 챕터는 즐거움이 가득합니다.
애프터눈 티든 디저트든,
사랑과 정성을 곁들인 이 레시피들이
행복한 시간을 만들어 줄 거예요.

푸딩 & 케이크

> 로스팅 트레이

# 초콜릿 파티 케이크 CHOCOLATE PARTY CAKE

**더블 버터크림 & 전통적인 귤 통조림**

20인분  |  총 1시간, 식히기 별도

| | |
|---|---|
| 부드러운 무염 버터 450g *케이크에 덮을 여분 필요 | 베이킹파우더 2작은술 |
| 아이싱 설탕 650g | 코코아 가루 75g |
| 큰 달걀 4개 | 귤 통조림 1통(300g) |
| 팽창제 혼합 밀가루 250g | 저지방 크림치즈 150g |

오븐을 180°C로 예열해 주세요. 25cm×30cm 짜리 오븐용 트레이에 오일을 바르고 물에 적신 유산지를 깔아줍니다. 푸드 프로세서에 버터와 아이싱 슈가를 250g씩 넣고 블렌딩한 다음 달걀을 넣어주세요. 여기에 밀가루, 베이킹파우더, 코코아 가루 50g, 귤 통조림의 국물도 약간 넣습니다. 재료들이 부드러워질 때까지 다시 한 번 갈아주세요. 고무 주걱을 사용하여 트레이에 내용물을 조심스럽게 붓고 반죽을 평평하게 만듭니다. 오븐에서 20분간 구우면 반죽이 잘 부풀어 올라 꼬챙이를 꽂았을 때 묻어나지 않을 거예요. 그다음 5분간 그대로 두었다가 와이어 선반에 올려 완전히 식혀줍니다.

그동안 버터크림을 만듭니다. 푸드 프로세서에 남은 버터 200g과 아이싱 설탕 400g을 넣어 연한 색의 부드러운 크림이 될 때까지 블렌딩해 주세요. 크림치즈도 넣고 짧게 블렌딩을 하다가 필요하면 귤 통조림 즙을 살짝 넣어 풀어줍니다. 귤 조각들은 물기를 빼고 키친타월에 올려놓습니다. 서빙 보드에 식은 케이크를 놓고 조심스럽게 가운데를 잘라 크고 평평한 직사각형 두 개를 만들어 주세요(빵칼은 쓰기 전에 뜨거운 물에 헹구면 더 부드럽게 자를 수 있습니다). 케이크 한 조각에 버터크림 1/3을 펴 바르고 귤 조각들을 여기저기 놓습니다. 그리고 남은 케이크를 그 위에 올려주세요. 원한다면 케이크 가장자리를 잘라 깔끔하게 마무리해도 좋아요(자른 부분은 셰프의 간식이 되죠!). 남은 버터크림에 코코아 가루 25g을 넣고 짧게 블렌딩하세요. 숟가락 뒷면을 써서 케이크 윗부분에 버터크림을 찍어 올리며 장식하면 완성입니다.

| 열량 | 지방 | 포화지방 | 단백질 | 탄수화물 | 당류 | 나트륨 | 식이섬유 |
|---|---|---|---|---|---|---|---|
| 379kcal | 21.5g | 13.1g | 4g | 45.3g | 35.1g | 0.4g | 0.9g |

로스팅 트레이

## 꽃잎 푸딩 PETAL'S PUDDING
### 레몬, 머랭 & 블랙커런트 잼

12인분  |  총 37분

부드러운 무염 버터 100g *케이크에 덮을 여분 필요

황색 정제 설탕 150g *케이크에 뿌릴 여분 필요

큰 달걀 4개

저지방 우유 500ml

팽창제 혼합 밀가루 200g

레몬 2개

블랙커런트 잼 200g

머랭 두 덩이 (총 25g)

오븐을 180°C로 예열해 주세요. 20cm×30cm 크기의 오븐용 트레이에 오일을 얇게 바른 후 설탕을 조금 뿌립니다. 반죽을 만들기 위해 버터와 설탕을 푸드 프로세서에 넣고 잘 섞일 때까지 블렌딩을 하세요. 여기에 달걀을 넣고 우유, 밀가루를 추가한 다음 레몬 껍질을 곱게 갈아 넣습니다. 재료들을 다시 한번 블렌딩하여 잘 섞어주세요. 블랙커런트 잼을 숟가락으로 떠서 트레이에 올린 후 레몬즙, 물 2큰술을 넣어 부드럽게 섞고 바닥에 펴 발라주세요. 반죽은 트레이에 골고루 잘 붓고, 평평하게 만들어 준 다음 오븐의 가운데 선반에 넣습니다. 탄력이 생기고 중앙이 부풀어 오를 때까지 25분간 구워주세요. 오븐에서 꺼내면 금방 가라앉기 때문에 푸딩을 바로 테이블로 가져갑니다. 손님들의 환호성이 터져 나오도록 푸딩에 머랭을 멋지게 부숴 내놓으면 됩니다.

### 레시피 레벨 업

원래는 레몬 머랭 파이를 재해석하려는 의도였지만, 프랑스식 클라푸티에 흥미를 느껴 이 아름다운 레시피를 만들게 되었습니다. 블랙커런트의 톡 쏘는 맛과 풍미가 커스터드 스펀지와 잘 어울립니다. 여러분도 좋아하는 잼을 활용해서 자유롭게 응용해 보세요.

| 열량 | 지방 | 포화지방 | 단백질 | 탄수화물 | 당류 | 나트륨 | 식이섬유 |
|---|---|---|---|---|---|---|---|
| 270kcal | 9.9g | 5.3g | 5.6g | 41.9g | 29.5g | 0.3g | 0.8g |

> 로스팅 트레이

## 끈적끈적한 퍼지 푸딩 STICKY FUDGE PUDDING

메드줄 대추야자, 멋진 위스키 & 크림소스

16인분  |  총 50분

씨를 뺀 메드줄 대추야자 400g

부드러운 무염 버터 400g

황설탕 400g

위스키 50ml

저지방 크림 250ml

큰 달걀 4개

팽창제 혼합 밀가루 300g

잘 부서지는 퍼지 125g

오븐은 180°C로 예열하고 주전자에 물을 끓여주세요. 대추야자를 푸드 프로세서에 넣고 푹 잠길 만큼 뜨거운 물 300㎖를 붓습니다. 20cm×30cm 크기의 오븐용 트레이를 중간 불에 올리고 버터와 설탕을 각각 250g씩 넣어주세요. 여기에 위스키와 크림도 넣어주세요. 중간중간 부드럽게 저어주면서 약간 걸쭉하고 진한 황금색 크림소스가 될 때까지 끓여줍니다. 그런 다음 그릇에 붓고 따로 보관합니다.

남은 버터 150g과 설탕 150g을 대추야자와 함께 푸드 프로세서에 넣고 블렌딩해주세요. 달걀과 밀가루도 넣고 잘 섞일 때까지 다시 블렌딩합니다. 반죽을 빈 트레이에 붓고 퍼지를 부숴 얹은 다음 오븐에 넣고 35분간 구워주세요. 노릇해진 푸딩에 꼬챙이를 꽂았을 때 묻어나지 않으면 됩니다. 소스를 듬뿍 올려 따뜻하게 내가면 완성입니다.

| 열량 | 지방 | 포화지방 | 단백질 | 탄수화물 | 당류 | 나트륨 | 식이섬유 |
|---|---|---|---|---|---|---|---|
| 462kcal | 26.4g | 15.9g | 4.6g | 53g | 37.3g | 0.3g | 1g |

프라이팬

## 구운 레몬 치즈케이크 BAKED LEMON CHEESECAKE

**버터향 비스코프 베이스, 크림치즈 & 라즈베리**

12인분  |  총 1시간, 식히기 별도

무염 버터 100g

로투스 비스코프 또는 생강 비스킷 250g

큰 달걀 4개

바닐라빈 페이스트 1작은술

아이싱 설탕 100g *케이크에 뿌릴 여분 필요

크림치즈 680g

레몬 1개

라즈베리 300g

오븐을 160°C로 예열해주세요. 28cm 오븐용 프라이팬에 버터를 넣고 약불에서 녹이는 동안 비스킷을 푸드 프로세서에 넣고 잘게 부숩니다. 버터가 녹으면 불을 끄고 비스킷 부스러기를 팬에 넣어 잘 섞어줍니다. 이때 팬을 약간 위로 기울여 부스러기가 한 층으로 고르게 퍼지도록 두드려 주세요. 오븐에 넣어 5분간 구운 후 꺼내줍니다. 달걀을 푸드 프로세서에 넣고(세척하지 않아도 됩니다) 바닐라와 아이싱 설탕 대부분도 넣은 후 색이 옅어질 때까지 2분간 블렌딩합니다. 여기에 크림치즈와 레몬즙을 넣고 다시 한번 블렌딩한 후 아까 구운 비스킷 베이스에 평평하게 부어주세요. 라즈베리 절반과 남은 아이싱 설탕을 포크로 잘 으깨 크림치즈 위에 소용돌이 모양으로 부어줍니다. 그런 다음 오븐에 넣어 15분간 구워주세요.

15분 뒤 나머지 라즈베리를 팬에 뿌려줍니다. 여분의 아이싱 설탕을 조금 뿌린 다음 오븐에 다시 넣어 10분간 더 굽습니다. 그다음 오븐에서 그릴로 재빨리 옮겨주세요. 케이크 윗부분이 노릇노릇하게 익어 막 끓기 시작할 때까지 완전히 구워주세요. 팬을 꺼내 잠시 식힌 다음 냉장고에서 다시 2시간 동안 식히면 완성입니다. 식감이 완전히 부드럽지는 않지만 정말 맛있어요!

| 열량 | 지방 | 포화지방 | 단백질 | 탄수화물 | 당류 | 나트륨 | 식이섬유 |
|---|---|---|---|---|---|---|---|
| 362kcal | 25.2g | 14.9g | 6.9g | 27.3g | 20g | 0.7g | 1.1g |

# 부드러운 크루아상 빵 SQUODGY CROISSANT LOAF

초콜릿, 오렌지, 잘게 부순 헤이즐넛 & 살구잼

8인분  |  준비 10분 / 조리 50분, 식히기 별도

무염 버터(기름칠용)

데친 헤이즐넛 50g

황색 정제 설탕 3큰술

오렌지 1개

냉동 크루아상(255g) 2봉지

카카오 70% 다크 초콜릿 50g

살구잼 수북이 1큰술

오븐을 180°C로 예열해 주세요. 1.5L 식빵 틀에 무염 버터로 기름칠을 하고 유산지를 바닥에 맞춰 깔아줍니다. 유산지에도 충분히 기름칠을 해 주세요. 절구에 헤이즐넛 25g과 설탕 1큰술을 부어 잘게 부순 후 식빵 틀의 바닥과 옆면에 뿌려줍니다. 오렌지 껍질도 곱게 갈아 조금 뿌려주세요. 남은 헤이즐넛과 설탕은 굵게 으깨줍니다. 식빵 틀에 한 봉지 분량의 냉동 크루아상을 채워주세요. 빈틈이 없도록 크루아상을 적절히 잘라서 끼워 넣어줍니다. 여기에 남은 헤이즐넛 절반을 뿌려주고 오렌지 껍질도 조금 더 갈아 뿌린 다음, 초콜릿을 큼직하게 쪼개서 넣어주세요. 살구잼은 숟가락으로 떠서 올립니다. 남은 크루아상을 식빵 틀에 겹겹이 채우고, 적절히 잘라서 빈틈을 잘 메웁니다. 마지막 남은 헤이즐넛을 뿌리고 오렌지 껍질을 갈아 마무리합니다.

빵이 캐러멜화될 때까지 오븐에서 50분간 구워주세요. 오븐에서 식빵 틀을 꺼내 10분간 식힌 뒤, 칼로 가장자리에 들러붙은 부분을 떼어 냅니다. 빵이 뜨거울 때 조심스럽게 틀에서 꺼냅니다. 조금 더 식힌 다음 먹기 좋게 썰어서 내가면 됩니다.

| 열량 | 지방 | 포화지방 | 단백질 | 탄수화물 | 당류 | 나트륨 | 식이섬유 |
|---|---|---|---|---|---|---|---|
| 385kcal | 22.2g | 10g | 7g | 39.2g | 16.5g | 0.4g | 2g |

로프 틴

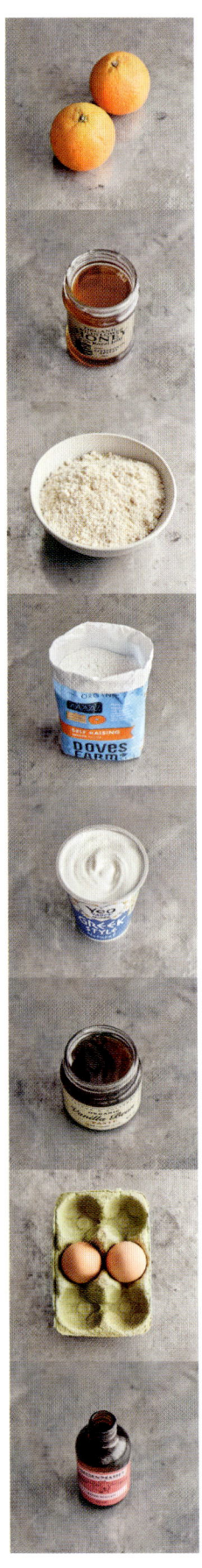

로스팅 트레이

## 허니 오렌지 트레이케이크 HONEY ORANGE TRAYCAKE

아몬드, 바닐라, 요거트 & 장미수 약간

12인분  |  총 1시간 5분

큰 오렌지 또는 블러드 오렌지 2개

묽은 꿀 200g

아몬드 가루 200g

팽창제 혼합 밀가루 200g

그릭 요거트 200g

바닐라빈 페이스트 2작은술

큰 달걀 2개

선택 사항: 장미수

오븐을 180°C로 예열해 주세요. 20cm×30cm 크기의 오븐용 트레이에 유산지를 깔고 올리브오일을 발라줍니다. 큰 볼에 오렌지 껍질을 곱게 갈아 따로 보관한 다음, 오렌지 1개를 아주 얇게 통으로 썰어주세요. 오렌지를 트레이에 예쁘게 배열한 뒤 꿀 100g을 뿌려주고 오븐에서 20분간 굽습니다.

그동안 오렌지 껍질을 갈아둔 볼에 아몬드, 밀가루, 요거트, 바닐라빈 페이스트를 넣습니다. 달걀을 넣고 올리브오일 200㎖, 소금 한 꼬집, 남은 꿀 100g, 장미수(선택 사항) 약간을 추가해 잘 섞어주세요. 그런 다음 오븐에서 트레이를 꺼내 오렌지 조각들 위에 케이크 반죽을 잘 붓고, 다시 오븐에서 35분간 굽습니다. 빵에 꼬챙이를 꽂았을 때 반죽이 묻어나지 않으면 됩니다. 노릇노릇한 케이크를 보드에 올리고 유산지를 조심스럽게 벗겨냅니다. 요거트나 커스터드를 한 덩이 곁들여서 따뜻할 때 드시면 좋아요.

### 레시피 레벨 업

저희 할머니는 트레이로 구운 스펀지케이크를 정말 좋아하셨어요. 꿀, 아몬드, 오렌지의 조합이 그리스를 연상시키는 이 케이크는 마치 케이크의 모양만으로 할머니께 휴가를 보내드리는 것 같아요! 할머니가 정말 좋아하셨을 거예요.

| 열량 | 지방 | 포화지방 | 단백질 | 탄수화물 | 당류 | 나트륨 | 식이섬유 |
|---|---|---|---|---|---|---|---|
| 397kcal | 28.9g | 4.4g | 7.1g | 29g | 16.3g | 0.3g | 0.9g |

로스팅 트레이

## 배 & 진저브레드 케이크 PEAR & GINGERBREAD CAKE

**다크초콜릿 소스, 황설탕 & 아몬드 가루**

16인분　|　총 58분

| | |
|---|---|
| 큰 달걀 4개 | 아몬드 가루 200g |
| 황설탕 200g | 카카오 70% 다크초콜릿 100g |
| 팽창제 혼합 밀가루 200g | 생강 설탕 절임 100g |
| 베이킹파우더 1작은술 | 배 통조림(410g) 1통 |

오븐을 180°C로 예열해 주세요. 20cm×30cm 크기의 오븐용 트레이에 올리브오일을 바르고 물에 적신 유산지를 깔아줍니다. 큰 볼에 달걀, 설탕, 올리브오일 200㎖를 넣고 휘저어 주세요. 여기에 밀가루, 베이킹파우더, 아몬드 가루도 넣고 잘 섞습니다. 다크초콜릿 절반과 생강은 잘게 다진 뒤 반죽에 섞어 트레이에 부어주세요. 배 통조림의 국물은 절반쯤 남겨두고, 배는 물기를 빼서 세로로 썰어 반죽에 올리거나 푹푹 찔러 넣어주세요. 그런 다음 오븐에서 35분간 굽습니다. 빵에 꼬챙이를 꽂았을 때 묻어나지 않으면 된 겁니다. 구운 빵을 틀에서 5분간 식힌 후 와이어 선반으로 옮겨 유산지를 제거합니다.

빈 트레이를 가스레인지의 중간보다 센불에 올리고 남겨둔 배 통조림의 국물을 부어주세요. 생강 병에 담긴 시럽도 조금 넣어 보글보글 끓인 다음 불을 끕니다. 남은 다크초콜릿을 잘라 넣고 계속 저어주면 빵에 뿌릴 간단한 초콜릿 소스가 돼요. 소스를 뿌려 그대로 드시거나 아이스크림 한 스쿱을 곁들여 함께 즐기셔도 좋습니다.

| 열량 | 지방 | 포화지방 | 단백질 | 탄수화물 | 당류 | 나트륨 | 식이섬유 |
|---|---|---|---|---|---|---|---|
| 357kcal | 24.2g | 4.7g | 6g | 30.5g | 20.4g | 0.2g | 1.3g |

로스팅 트레이

## 체리 라이스 푸딩 CHERRY RICE PUDDING

복숭아, 초콜릿, 아몬드, 시나몬 & 브랜디 약간

8인분  |  준비 9분 / 조리 40분

복숭아 통조림(415g) 1통

씨를 제거한 냉동 체리 400g

브랜디 또는 아마레또 리큐어 2큰술

카카오 70% 다크초콜릿 50g

라이스 푸딩(400g) 3통

아몬드 슬라이스 5큰술

시나몬 가루

오븐을 180°C로 예열해 주세요. 복숭아는 물기를 뺀 다음 냉동 체리와 함께 20cm×30cm 크기의 오븐용 트레이에 겹겹이 쌓아줍니다. 브랜디를 뿌리고(복숭아 통조림의 국물을 2큰술 뿌려도 좋아요) 초콜릿을 작게 조각내 뿌려주세요. 트레이에 라이스 푸딩 3통을 전부 붓고 숟가락으로 내용물을 평평하게 만들어 주세요. 이때 아몬드 3큰술을 잘게 부숴 라이스 푸딩에 부드럽게 섞어줍니다. 남은 아몬드와 시나몬 가루를 트레이에 골고루 뿌린 다음 내용물이 노릇한 색으로 보글보글 끓을 때까지 오븐에서 40분간 구우면 완성입니다.

### 재료 꿀팁

라이스 푸딩 통조림이나 냉동 과일은 정말 손쉽게 쓸 수 있는 멋진 재료입니다. 이 재료들을 잘 조합해 주기만 해도 엄청난 정성이 들어갔을 법한 디저트를 만들 수 있습니다. 최소한의 노력으로 굉장한 맛을 낼 수 있죠.

| 열량 | 지방 | 포화지방 | 단백질 | 탄수화물 | 당류 | 나트륨 | 식이섬유 |
|---|---|---|---|---|---|---|---|
| 246kcal | 7.4g | 2.6g | 7.4g | 38.6g | 25g | 0.2g | 1.4g |

로스팅 트레이

## 애프터눈 티 레이어 케이크 AFTERNOON TEA LAYER CAKE

딸기, 엘더플라워, 커스터드, 초콜릿 & 스콘

12인분 | 총 33분, 하룻밤 냉장 보관 별도

플레인 스콘 8개

잉글리시 브렉퍼스트 티백 4개

카카오 70% 다크초콜릿 100g

* 장식용 여분 필요

커스터드(400g) 통조림 2통

딸기 400g

엘더플라워 코디얼 리큐어 50ml

아이싱 설탕(케이크에 뿌릴 용도)

그릴을 예열해 주세요. 스콘 8개를 각각 3등분으로 썰어 총 24개의 스콘을 만든 뒤 25cm×30cm 크기의 오븐용 트레이에 넣고 살짝 굽습니다. 그동안 주전자에 물을 끓여주세요. 주전자에 잉글리시 브렉퍼스트 티백을 모두 넣어 400㎖ 분량의 차를 우립니다. 그다음 볼을 그 위에 올리고 초콜릿을 부셔서 완전히 녹을 때까지 저어줍니다. 사용한 볼과 티백은 한쪽으로 치워주세요.

트레이가 식으면 물을 적신 유산지 한 장을 깔아줍니다. 트레이에 구운 스콘의 절반을 한 층으로 놓고, 찻물을 2/3 정도 뿌려서 잘 스며들게 해 주세요. 녹인 초콜릿은 커스터드 1통을 넣고 잘 섞은 다음 스콘 위에 평평하게 펴 바릅니다. 장식용으로 쓸 딸기를 조금 남기고, 나머지 딸기는 꼭지를 제거하고 얇게 썰어 초콜릿 커스터드에 잘 깔아주세요. 엘더플라워 코디얼 리큐어도 뿌려줍니다. 그다음 남은 스콘 조각은 차에 담갔다 꺼내어 그 위에 배열해 주세요. 이후 다시 초콜릿 커스터드를 숟가락으로 펴 발라줍니다. 케이크는 하룻밤 냉장 보관하여 굳힌 후에 서빙용 보드에 올려주세요. 아이싱 설탕을 뿌리고 남겨둔 딸기를 얇게 썰어 장식합니다. 다크초콜릿을 갈거나 부스러뜨려 케이크에 골고루 뿌려주면 완성입니다.

| 열량 | 지방 | 포화지방 | 단백질 | 탄수화물 | 당류 | 나트륨 | 식이섬유 |
|---|---|---|---|---|---|---|---|
| 291kcal | 10.2g | 5.4g | 5.8g | 46.1g | 23.4g | 0.8g | 2.6g |

> 로스팅 트레이

## 아이스 번 ICED BUNS

**색색깔 과일 아이싱**

12개 | 총 50분, 휴지와 식히기 별도

강력분 밀가루 500g

건조 이스트 1봉지(7g)

아이싱 설탕 230g

큰 달걀 1개

저지방 우유 275㎖

바닐라빈 페이스트 1큰술

딸기, 블랙베리 또는 블루베리 50g 또는
레몬이나 오렌지 1/2개

큰 볼을 꺼내 밀가루와 이스트, 아이싱 설탕 30g을 넣고 소금 한 꼬집을 추가합니다. 재료를 모두 잘 섞은 다음 가운데에 빈 공간을 만들어 주세요. 작은 볼에 달걀을 풀고, 달걀물 대부분을 아까 만들어둔 큰 볼에 부어주세요. 반죽에 바를 달걀물은 조금 남겨둡니다. 올리브오일 1큰술 반, 우유, 바닐라 페이스트를 넣고 포크로 잘 섞은 다음 깨끗한 손으로 반죽해 주세요. 부드러워지고 탄력이 생길 때까지 10분간 반죽합니다. 큰 볼에 기름을 얇게 바른 뒤 반죽을 넣고 깨끗한 마른 행주를 물에 적셔 덮어주세요. 따뜻한 곳에 1시간 동안 두면 반죽이 두 배로 부풀어 오를 겁니다.

반죽에 부푼 공기 방울이 있다면 터트린 다음 12등분으로 나눠주세요. 작업대에서 각 반죽 덩이가 단단한 소시지 모양이 될 때까지 앞뒤로 굴립니다. 그다음 25cm×30cm 크기의 오븐용 트레이에 기름을 바른 후 반죽을 모두 올리고 뚜껑을 덮어 30분간 그대로 두면 크기가 두 배로 커질 거예요. 오븐은 180°C로 예열해 주세요. 반죽 윗면에 달걀물을 얇게 바르고 오븐의 가운데 선반에 넣어 20분간 구운 후 완전히 식힙니다. 이제 재밌는 장식 시간이에요! 으깬 딸기, 블루베리 또는 블랙베리, 또는 오렌지 제스트 조금과 과즙을 아이싱 설탕과 잘 섞어주세요. 충분히 광택이 나고 숟가락으로 떠먹을 수 있을 정도로 걸쭉한 질감이 되면 창의력을 발휘해 번에 예쁘게 뿌려 마무리합니다.

| 열량 | 지방 | 포화지방 | 단백질 | 탄수화물 | 당류 | 나트륨 | 식이섬유 |
|---|---|---|---|---|---|---|---|
| 252kcal | 3.2g | 0.7g | 6.4g | 52.9g | 21.8g | 0.1g | 1.5g |

프라이팬

## 애플 커스터드 타르트 APPLE CUSTARD TART
**바삭한 필로, 씹히는 토핑, 시나몬 & 꿀**

8인분  |  총 58분

사과 6개

묽은 꿀 4큰술 *타르트에 뿌릴 여분 필요

리코타 치즈 250g

큰 달걀 3개

필로 페이스트리(270g) 1봉지

커스터드 크림 비스킷 12개

납작한 귀리 4큰술

시나몬 가루

오븐을 180°C로 예열해 주세요. 사과는 씨를 제거하고 껍질을 벗기지 않은 상태로 깨끗한 티 타월에 굵게 썰어 올려둡니다. 코팅된 26cm 오븐용 프라이팬에 마른 행주를 모아 쥐고 꾹꾹 눌러 사과즙을 짜주세요. 사과 찌꺼기는 볼에 모아놓습니다. 팬에 꿀을 1큰술 뿌리고 센불에서 3분간 저어주면서 시럽 농도로 조립니다. 그다음 고무 주걱을 사용하여 머그잔에 잘 긁어 담고 팬을 불에서 내립니다. 사과를 넣은 볼에 리코타 치즈, 달걀, 남은 꿀을 넣고 소금을 약간 뿌려 완전히 섞어주세요.

프라이팬이 약간 식으면 올리브오일을 살짝 바릅니다. 필로 페이스트리 한 장을 팬에 올리고 바깥으로 튀어나온 부분은 그대로 놔두세요. 올리브오일을 한 번 더 살짝 바른 다음 남은 페이스트리도 반복해서 쌓아줍니다. 아까 만든 속재료를 숟가락으로 떠서 모두 옮겨준 다음 팬 밖으로 튀어나온 페이스트리 끝머리를 위로 당겨 팬 가장자리에 끼워 넣어주세요. 커스터드 크림 비스킷을 으깨서 뿌리고, 귀리도 함께 뿌려줍니다. 올리브오일 1큰술과 머그잔에 담아둔 사과 캐러멜을 조금 뿌려주세요. 그런 다음 오븐에서 타르트 가운데가 완전히 굳을 때까지 35분간 노릇노릇하게 구워줍니다. 중간에 오븐을 열어 남은 사과 캐러멜을 모두 뿌려주세요. 마무리로 시나몬 가루를 뿌려 내가면 완성입니다.

| 열량 | 지방 | 포화지방 | 단백질 | 탄수화물 | 당류 | 나트륨 | 식이섬유 |
|---|---|---|---|---|---|---|---|
| 378kcal | 14g | 5.7g | 10.3g | 55.5g | 25.4g | 0.7g | 2.8g |

베이킹 트레이

## 당근 롤케이크 ROLLED CARROT CAKE

생강 설탕 절임, 크림치즈, 라임 & 화이트초콜릿

8인분  |  총 48분, 식히기 별도

당근 200g

연한 황설탕 100g *케이크에 뿌릴 2큰술 별도

팽창제 혼합 밀가루 100g

큰 달걀 3개

라임 1개

화이트초콜릿 100g

생강 설탕 절임 3개

저지방 크림치즈 180g

오븐을 180℃로 예열해 주세요. 25cm×35cm 크기의 얇은 베이킹 트레이에 오일을 살짝 바르고 유산지를 깝니다. 당근을 씻어 다듬은 후 조각내어 푸드 프로세서에 넣고 짧게 블렌딩하여 잘게 다져주세요. 그다음 설탕과 밀가루를 100g씩 넣고 달걀을 푼 후, 라임 껍질을 곱게 갈아 넣어줍니다. 올리브오일도 3큰술 넣고, 모든 재료가 부드러워질 때까지 1분간 블렌딩합니다. 반죽을 트레이에 평평하게 붓고 오븐의 가운데 선반에 넣어 12분 동안 구워주세요.

깨끗한 마른 행주를 깔고 설탕 2큰술을 뿌려줍니다. 스펀지케이크를 오븐에서 빼자마자 트레이를 뒤집어 마른 행주 위에 빵을 꺼내 놓습니다. 이때 빵에 붙은 유산지는 조심스럽게 벗겨냅니다. 그다음 마른 행주로 스펀지케이크를 돌돌 말아주세요. 그대로 식히면 마른 행주가 롤케이크 모양을 잘 잡아줄 겁니다. 그동안 초콜릿 절반을 볼에 넣고 전자레인지로 녹여주세요. 그리고 생강 설탕 절임을 잘게 다져 라임즙, 크림치즈와 함께 초콜릿에 섞어줍니다. 스펀지케이크가 완전히 식으면 빵을 펴고 속재료를 골고루 잘 발라주세요. 다시 말아서 서빙 보드에 놓고 케이크 전체에 생강 시럽을 바른 다음, 그 위에 남은 초콜릿을 갈아줍니다. 케이크 양끝을 깔끔하게 다듬어서(잘라낸 부분은 셰프들의 간식이죠!) 내가면 완성입니다.

| 열량 | 지방 | 포화지방 | 단백질 | 탄수화물 | 당류 | 나트륨 | 식이섬유 |
|---|---|---|---|---|---|---|---|
| 291kcal | 13.6g | 5.2g | 6.5g | 37.8g | 27.1g | 0.5g | 1.3g |

### 블론디 케이크 BLONDIE CAKE

화이트초콜릿, 땅콩버터 & 잼

16인분 | 총 42분, 식히기 별도

부드러운 무염 버터 200g
*케이크에 바를 여분 별도

골든 캐스터 설탕 200g

큰 달걀 4개

팽창제 혼합 밀가루 200g

화이트초콜릿 200g

알갱이가 씹히는 땅콩버터 3큰술

블랙커런트 잼 3큰술

오븐을 180℃로 예열해 주세요. 20cm×30cm 크기의 오븐용 트레이에 유산지를 깔고 버터를 넉넉히 바릅니다. 푸드 프로세서에 버터와 설탕을 넣고 블렌딩한 다음 달걀을 풀고 밀가루를 넣어 부드러워질 때까지 다시 블렌딩해주세요. 그다음 화이트초콜릿을 잘라 넣고 모든 재료가 작은 덩어리가 될 때까지 짧게 블렌딩합니다. 고무 주걱으로 반죽을 긁어내 유산지를 깐 트레이에 평평하게 잘 펼쳐주세요. 땅콩버터에 따뜻한 물 2큰술을 넣어 풀어주고, 블랙커런트 잼도 잘 저어 풀어줍니다. 땅콩버터와 블랙커런트 잼 모두 숟가락으로 떠서 반죽 위에 올리고 꼬챙이를 사용하여 원하는 모양으로 표면에 무늬를 만들어주세요. 그런 다음 반죽이 노릇해질 때까지 오븐에서 30분간 구워줍니다. 케이크는 식힌 다음 먹기 좋게 썰어 내가면 됩니다. 차와 함께 드셔도 좋아요.

#### 재료 추천

땅콩버터와 잼의 찰떡 궁합은 저를 들뜨게 하죠! 블랙커런트 잼을 여러분이 좋아하는 잼으로, 혹은 땅콩버터를 다른 견과류 버터로 자유롭게 바꿔보세요. 실험하는 재미가 있답니다.

| 열량 | 지방 | 포화지방 | 단백질 | 탄수화물 | 당류 | 나트륨 | 식이섬유 |
|---|---|---|---|---|---|---|---|
| 305kcal | 17.9g | 9.7g | 4.9g | 33.4g | 24g | 0.2g | 0.4g |

로스팅 트레이

> 서빙 디시

## 물결 프로요 RIPPLED FRO-YO

망고, 라임, 생강 쿠키 & 코코아

10인분  |  총 13분, 식히기 별도

생강 쿠키 50g

천연 요거트 500g

냉동 망고 조각 700g

라임 1개

코코아 가루 2큰술

제철 베리 (장식용)

한두 시간 전에 25cm 크기의 접시를 냉동실에 넣어두세요. 밀대를 사용해 생강 쿠키를 으깨주세요. 그다음 빠르게 요거트, 망고, 라임즙을 푸드 프로세서에 넣고 매우 부드러워질 때까지 블렌딩하여 프로요를 만들어 주세요. 냉동실에서 접시를 꺼내 망고 프로요를 3/4 정도 숟가락으로 떠서 접시로 옮겨주세요. 코코아 가루를 푸드 프로세서에 넣고 다시 한번 블렌딩한 다음 마찬가지로 접시로 옮기고 가볍게 섞어 물결 모양으로 만들면 완성입니다. 바로 드셔도 좋고, 냉동실에 다시 넣어 최대 1시간 동안 얼린 뒤 드셔도 좋아요. 생강 쿠키 가루를 뿌리고 신선한 베리를 곁들여 드세요.

### 재료 추천

과일이 들어간 프로요는 참 맛있죠. 다양한 과일을 자유롭게 섞어서 만들어 보세요. 저는 잘게 부순 생강 비스킷과 제철 베리를 곁들였지만, 어떤 종류의 과자나 과일과도 잘 어울립니다. 선택은 여러분의 몫이에요.

| 열량 | 지방 | 포화지방 | 단백질 | 탄수화물 | 당류 | 나트륨 | 식이섬유 |
|---|---|---|---|---|---|---|---|
| 108kcal | 3.3g | 1.9g | 3.3g | 17g | 14.2g | 0.1g | 0.1g |

> 프라이팬

### 토피 사과 번 TOFFEE APPLE BUNS
**부드러우면서 녹진한 맛의 바닐라 & 시나몬**

12인분  |  총 1시간, 휴지 별도

강력분 밀가루 500g

건조 이스트(7g) 1봉지

말린 사과 조각 100g

사과 4개

시나몬 가루 1큰술

바닐라빈 페이스트 1큰술

데메라라 설탕 100g * 케이크에 뿌릴 여분 별도

부드러운 무염 버터 100g * 팬에 바를 여분

큰 볼에 밀가루 500g과 소금 1작은술을 넣어주세요. 잘 섞은 다음 가운데에 빈 공간을 만들어 줍니다. 주전자에 이스트를 넣고 미지근한 물 300㎖를 부어 잘 섞은 뒤 몇 분간 그대로 두세요. 그다음 이스트 혼합물을 볼의 빈 공간에 서서히 붓고 밀가루와 함께 잘 반죽해 주세요. 밀가루를 뿌린 바닥에 반죽을 내려치면서 10분간 반죽하면 부드럽고 탱탱해질 거예요. 오일을 살짝 바른 볼에 반죽을 넣고 젖은 행주로 덮어줍니다. 따뜻한 곳에서 반죽이 두 배로 부풀어 오를 때까지 1시간 동안 두세요.

그동안 말린 사과를 잘게 썰어줍니다. 생사과는 껍질을 벗기고 4등분을 하여 심을 파낸 후 가늘게 썰어주세요. 볼에 사과 조각, 시나몬 가루, 바닐라빈 페이스트, 설탕을 넣고 잘 으깨줍니다. 작업대에 오일을 바른 뒤 휴지가 끝난 반죽을 30cm×50cm 크기로 펼쳐주세요. 부드러운 버터를 반죽에 고르게 바르고 설탕에 절인 사과를 뿌린 뒤, 남은 즙도 뿌려줍니다. 세로로 반죽을 돌돌 말아 사과가 들어간 소시지 모양으로 만들어 주세요. 그다음 12등분으로 자릅니다. 코팅된 28cm 오븐용 프라이팬에 버터를 넉넉히 바르고 설탕을 약간 뿌립니다.

소용돌이 모양이 위로 오도록 반죽 조각을 팬에 잘 배열한 다음 젖은 행주로 덮어줍니다. 반죽이 다시 두 배로 부풀어 오를 때까지 따뜻한 곳에 놓아주세요. 그사이 오븐은 180°C로 예열합니다. 2차 휴지가 끝난 반죽에 설탕을 약간 뿌린 다음 오븐의 아래쪽 선반에 넣어 빵이 노릇해지고 끈적해질 때까지 굽습니다. 그다음 쟁반에 올려 내가면 됩니다.

| 열량 | 지방 | 포화지방 | 단백질 | 탄수화물 | 당류 | 나트륨 | 식이섬유 |
|---|---|---|---|---|---|---|---|
| 278kcal | 7.6g | 4.4g | 5.3g | 49.7g | 18.9g | 0.4g | 2.7g |

# 재료 모으기
INGREDIENTS ROUND-UP

## 냉동고는 우리의 친구

바쁜 현대인에게 냉동고는 의심의 여지 없이 가장 가까운 동료다. 개별 식재료를 보존하거나 내일의 식사를 위해 대량으로 만들어서 소분한 음식을 보관하거나, 음식물 쓰레기를 줄이는 것을 돕는 등 음식의 시간을 훌륭하게 멈춰줘서 필요할 때 사용할 수 있게 해 준다.

이를 잘 활용하는 데는 몇 가지 기본 규칙이 있다. 음식을 대용량으로 했다면 냉동하기 전에 완전히 식히는 것을 잊지 말자. 적당량씩 소분하면 더 빨리 식으며, 2시간 안에 냉동실에 넣는 것이 좋다. 모든 음식은 랩으로 잘 싼 다음 나중을 위해서 이름표를 붙여 두자. 사용하기 전에 미리 냉장실로 옮겨서 해동한 다음 48시간 안에 먹도록 한다. 조리한 음식을 냉동했다면 한 번 해동해서 가열한 다음에는 다시 냉동하지 않도록 한다.

## 냉동실 정리하는 법

냉동실 공간을 간수할 때는 날고기나 생선은 잘 싸서 바닥 선반에 보관해야 교차 오염을 피할 수 있다는 점을 기억하자. 조리한 음식이나 조리할 필요 없이 바로 먹을 수 있는 종류의 음식은 높은 선반에 보관해야 한다.

## 오븐 친화성

모든 레시피는 팬 오븐에서 테스트를 거쳤다. 일반 오븐과 섭씨 화씨 변환, 가스 오븐 사용 시의 온도와 시간 조정은 온라인에서 확인을 거치도록 한다.

## 품질과 계절성 중시

요리에서 흔히 그렇듯이 양질의 재료를 사용하면 완성한 음식에 큰 차이를 가져올 수 있다. 각 요리마다 구입해야 할 재료가 많지 않기 때문에 가능하면 최고로 신선한 채소와 생선, 육류 등을 찾아서 평소보다 조금 더 질 좋은 것을 구입하기를 바란다. 또한 제철일 때 사면 항상 더 영양가 높고 맛있으면서 저렴한 것을 찾을 수 있다는 점을 기억하자. 특히 채소와 과일을 날것으로 먹을 경우에는 요리를 시작하기 전에 꼼꼼하게 씻는 것을 잊지 말자.

## 양념 사용

이 책에서는 망고 처트니에서 커리 페이스트, 데리야키 소스, 미소, 페스토 등 다양한 조미료를 사용한다. 이 재료는 모든 슈퍼마켓에서 구할 수 있으며 품질이 뛰어나다. 맛을 보장하고 조리 시간을 줄여 준다. 수년 동안 언론은 내가 소위 말하는 '속임수' 식재료를 사용한다고 비난했지만 나는 이런 속임수 재료는 훌륭한 존재라고 생각한다! 음식을 재미있게 만들어주기 때문이다.

### 신선한 허브 사용

허브는 요리사에게 주어진 선물과 같다. 정원이나 창턱에 화분을 두고 직접 키우는 것은 어떨까?
허브는 요리에 뚜렷한 풍미를 더하면서 간을 지나치게 강하게 하지 않아도 되게 해 주는데, 이 부분이 누구에게나 이로운 점이다. 또한 영양 면에서도 여러 놀라운 특성을 지니고 있어서 마음에 든다.

### 모둠 채소 제품 사용

이 책에서는 모둠 채소 제품을 사용한다. 한 봉지에 다양한 채소가 들어 있어 다채로운 풍미를 즐기면서 음식물 쓰레기를 줄일 수 있다는 점에서 훌륭한 제품이다. 다만 볶음용 채소 제품 중 일부에 숙주가 들어 있는 경우가 있는데, 이는 날로 먹을 수 없어서 반드시 뜨겁게 데운 다음 먹어야 한다.

### 만능 육류와 달걀

육류에 돈을 더 쓴다면 더 좋은 품질의 유기농, 자유 방목 또는 더 높은 수준의 복지를 누리도록 키운 육류를 구입하는 것이 합리적이라고 생각한다. 동물은 반드시 정성 들여 키워서 자유롭게 돌아다니며 자연스럽고 건강한 삶을 살아야 한다. 이 책에 실린 육류 중에는 정육점에 가서 구하거나 맞춰서 성형해 와야 하는 부위 등이 있는데, 꼭 직접 가 보기를 강력하게 추천한다. 우리에게 기꺼이 도움을 주고 맞춤형 주문을 해 주기도 하며, 필요한 무게를 정확하게 맞춰 주기도 한다. 달걀이나 달걀이 함유된 제품(국수, 파스타 등)을 구입할 때는 언제나 방목 및 유기농 제품을 구입하도록 하자.

### 생선 구입

생선은 더없이 맛있는 단백질 공급원이지만 잡은 순간부터 신선도가 떨어지기 시작하기 때문에 먹는 날과 최대한 가까운 시기에 구입하는 것이 좋다. 가능한 한 책임감 있는 방식으로 어획한 생선을 고르도록 하자. 생선 가게에 문의하거나 MSC 로고를 찾아보는 것을 추천한다. 가능하면 제철 생선과 지속 가능성을 고려해서 다양한 생선을 골고루 고르는 것이 좋다. 양식 생선밖에 선택지가 없다면 책임감 있는 방식으로 양식한 생선인지 확인할 수 있는 RSPCA 승인 또는 ASC 로고를 찾도록 하자.

### 유제품 품질 업그레이드

우유와 요거트, 버터 등 단골 유제품을 구입할 때는 유기농 제품으로 업그레이드를 하도록 하자. 육류와 달리 가격 차이가 크지 않기 때문에 유기농을 강력하게 추천하고 싶다. 유기농 식품을 구입하는 것은 소와 토양 모두를 돌보는 동물 복지에 대해 가장 높은 기준을 준수하는 더 나은 식품 시스템을 지지하는 것과 같다.

# 제이미 영양 담당 팀의 메시지
## A NOTE FROM JAMIE'S NUTRITION TEAM

우리의 역할은 제이미가 창의력을 최대한 발휘하면서 동시에 그가 만든 모든 레시피가 우리가 설정한 지침을 충족하도록 안내하는 것입니다. 모든 책에는 서로 다른 간단한 설명이 들어 있으며, '간단하지만 경이로운 원팬 요리'는 매일의 식사에 대한 영감을 얻을 수 있도록 도와주는 책입니다. 약 70%의 레시피가 우리의 일상적인 음식 지침에 완벽하게 부합되도록 구성했으며, 그 자체로 완벽한 식사도 있지만 어느 정도 다른 음식으로 균형을 맞춰야 하는 메뉴도 있습니다. 또한 이 책에는 마음껏 인생을 즐길 때 먹기 좋은 달콤한 간식으로 이루어진 보너스 장도 실려 있습니다! 그리고 독자 여러분께 명확한 정보를 제공해서 그에 입각한 선택을 할 수 있게 하기 위해 각 레시피 페이지에 그에 맞는 쉬운 영양 정보를 함께 게재했습니다.

음식은 재미있고 즐거우며 창의적인 요소입니다. 우리에게 활력을 주고 건강을 유지하는 데에 중요한 역할을 합니다. 건강한 생활을 영위하는 비결은 영양가 있는 균형 잡힌 식단과 규칙적인 운동이라는 점을 기억해 주세요. 우리는 음식에 '좋다' 혹은 '나쁘다'는 딱지를 붙이지 않습니다. 모두 나름대로의 가치가 있지요. 다만 가끔 즐길 수 있는 음식과 매일 섭취하는 영양가 있는 음식에는 차이가 있다는 점을 이해시킬 수 있도록 노력하고 있습니다. 저희의 가이드라인과 레시피 분석법에 대한 자세한 정보는 홈페이지(jamieoliver.com/nutrition)를 확인해 주세요.

로지 뱃첼라 - 공인 수석 영양사

### 균형에 대하여

균형은 훌륭한 식습관을 이루는 핵심적인 요소입니다. 접시 위의 균형을 잡고 음식의 양을 조절하는 법을 익히는 것이 건강을 위한 좋은 시작점입니다. 건강을 유지하는 데에 필요한 영양소를 섭취하려면 다양한 음식을 먹는 것이 중요합니다. 매일 완벽하게 지켜야 하는 것은 아닙니다. 일주일을 기준으로 균형을 맞춰 보려고 노력해 보세요. 육류와 생선을 먹는 사람이라면 주식의 기본 기준은 일주일에 생선을 최소 2회 섭취할 것, 그중 한 번은 기름진 생선일 것입니다. 주중의 나머지 주식은 훌륭한 식물성 식사와 가금류, 약간의 붉은 육류로 구성합시다. 물론 완전 채식 식습관도 완벽하게 건강하게 만들 수 있습니다.

### 균형이란 무엇인가

영국의 잇웰(Eatwell) 가이드는 균형 잡힌 식생활이란 어떤 것인지를 제시합니다. 아래의 도표는 하루 동안 섭취할 것을 권장하는 각 식품군의 비율을 나타내고 있습니다.

| 영국의 5대 식품군 | 비율 |
| --- | --- |
| 채소와 과일 | 40% |
| 전분질 탄수화물(빵, 쌀, 감자, 파스타) | 38% |
| 단백질(살코기, 생선, 달걀, 콩, 기타 비유제품) | 12% |
| 유제품, 우유 및 대체 유제품 | 8% |
| 불포화 지방(식용유 등) | 1% |
| 그리고 물을 충분히 마시는 것을 잊지 마세요. ||

지방, 소금 또는 설탕 함량이 높은 음식과 음료는 가끔씩만 섭취하도록 합니다.

### 채소 및 과일

건강하고 좋은 삶을 살기 위해서는 채소와 과일이 식단의 중심이 되어야 합니다. 채소와 과일은 다양한 색과 모양, 크기, 맛, 질감을 갖추고 있으며 우리 몸을 건강하고 이상적으로 유지하는 데 중요한 역할을 하는 다양한 비타민과 미네랄을 함유하고 있기 때문에 다양성이 핵심입니다. 가능한 다양한 선택을 해서 무지개색 식단을 만들고, 제철 식재료를 골라서 가장 맛있고 영양가 높은 식사를 하도록 합시다. 최소한 일주일에 5회 이상 신선한 또는 냉동 및 통조림 과일과 채소를 섭취하고, 가능하면 그보다 더 많이 먹으면 좋습니다. 1회 섭취량의 기준은 80g(또는 큰 한줌)입니다. 또한 매일 말린 과일은 30g, 콩류는 80g, 무가당 채소 또는 과일 주스는 150㎖를 1회 섭취량으로 간주합니다.

### 전분질 탄수화물

탄수화물은 우리 신체가 움직이고 장기가 기능하는 데에 필요한 연료를 공급하는 에너지의 대부분을 공급합니다. 가능하면 섬유질이 풍부한 통곡물과 통밀 종류를 선택합시다. 일반 성인의 일일 권장 탄수화물 섭취량은 260g이고 총 당류는 이 중 90g 이상을 넘지지 않아야 하며, 당은 대부분 통과일과 우유, 유제품에 함유된 것으로 그 외의 당은 30g을 넘지 않아야 합니다. 그 외의 당은 음식과 음료에 첨가된 당류를 뜻하며 꿀과 시럽, 과일 주스, 스무디에 들어 있는 당도 여기 포함됩니다. 섬유질은 탄수화물로 분류되며 주로 통곡물 탄수화물과 채소, 과일 등 식물성 식품에 함유되어 있습니다. 섬유질은 소화 기관을 건강하게 유지하고 혈당 수치를 조절하며 건강한 콜레스테롤 수치를 유지하는 데에 도움이 됩니다. 성인은 하루에 최소 30g을 섭취하는 것이 좋습니다.

### 단백질

단백질은 우리 신체의 구성 요소라고 생각합시다. 우리가 성장하고 회복하는 데에 중요한 역할을 하는 모든 것에 사용됩니다. 콩류를 늘리고 지속 가능한 방식으로 어획한 생선을 일주일에 2회(그중 1번은 기름진 생선) 섭취하며 붉은 육류와 가공육을 많이 먹는 경우에는 그 섭취량을 줄이는 등 단백질원을 다양하게 만드는 것이 좋습니다. 동물성 단백질을 선택할 경우에는 지방 함량이 낮은 살코기를 고르도록 합시다. 콩과 완두콩, 렌틸은 지방 함량이 낮고 단백질뿐만 아니라 섬유질, 일부 비타민과 미네랄까지 함유되어 있는 훌륭한 육류 대체원입니다. 그 밖의 영양가 높은 단백질 공급원으로는 두부와 달걀, 견과류, 씨앗류가 있습니다. 핵심은 다양성입니다! 19세에서 50세 사이의 평균 여성 일일 권장 섭취량은 45g, 같은 연령대의 평균 남성 일일 권장 섭취량은 55g입니다.

### 유제품, 우유 및 대체 유제품

이 식품군은 적당량을 섭취하면 놀랍도록 다양한 영양소를 제공합니다. 유기농 우유와 요거트, 소량의 치즈를 드세요. 저지방 제품(당 무첨가)도 마찬가지로 먹으면 좋은 훌륭한 식품입니다. 식물성 제품을 선택할 경우에는 우유에 함유된 주요 영양소를 놓치는 일이 없도록 성분 목록에 칼슘과 아이오딘, 비타민 B12가 첨가된 무가당 영양 강화 제품을 찾아 보세요.

### 불포화 지방

소량만 섭취하기 때문에 건강한 지방을 섭취하는 것이 좋습니다. 올리브 오일과 액상 식용유, 견과류 오일, 씨앗류 오일, 아보카도 오일, 오메가3 지방산이 풍부한 기름진 생선 등 불포화 지방군을 선택합시다. 일반적으로 평균 여성은 하루에 70g 이하의 지방을 섭취하는 것이 좋으며 그중 포화 지방은 20g 이하여야 하고, 평균 남성은 하루 90g 이하, 그중 포화지방은 30g 이하로 섭취하는 것이 좋습니다.

### 충분한 수분 섭취

최상의 컨디션을 유지하려면 수분을 충분히 섭취해야 합니다. 물은 생명과 인체의 모든 기능에 필수적인 요소입니다! 일반적으로 14세 이상의 여성은 하루에 최소 2리터, 같은 연령대의 남성은 하루에 최소 2.5리터를 섭취해야 합니다.

### 에너지 및 영양 정보

평균적인 여성은 하루에 2,000칼로리가, 평균적인 남성은 약 2,500칼로리가 필요합니다. 이 수치는 대략적인 기준이며 우리가 먹는 음식은 나이, 체격, 생활 방식, 활동 수준과 같은 요인을 고려해서 구성해야 합니다.

# ONE BIG THANK YOU

## 감사의 말

솔직히 인정하자면 모두의 이름을 하나하나 나열하는 대신 '감사합니다'라는 인사만 크게 한 줄 적어 넣을까 고민한 적이 있었습니다. 하지만 제 책을 구성하고 집필하고 촬영 및 홍보하는 과정에서 저를 도와준 훌륭한 분들의 이름을 여기에 남기는 것은 그들의 노고를 겸손하게 인정하는 표시인 만큼 그냥 넘어가면 스스로에게 실망할 것 같았습니다.

이 책을 제작하는 것은 큰 즐거움이자 훌륭한 도전이었습니다. 모든 요리를 원팬이라는 렌즈를 통해 바라보는 것은 제대로 성취하려면 많은 고민과 개선, 고려를 해야 한다는 것을 의미하기도 했습니다. 이 제작 과정을 함께해 준 모든 팀원들에게 깊은 감사를 전하고 싶습니다.

우선 언제나처럼 제 훌륭한 음식 팀이 있지요. 정말 대단한 사람들입니다! 항상 제가 긴장을 유지할 수 있도록 하고 제 기대를 언제나 충족시켜 주는 재능 넘치고 헌신적인 이들이지요. 음식에 있어서 제 오른팔인 멋진 지니 롤프, 충성스러운 팀원인 조덴 조던과 레이첼 영, 휴고 해리슨, 줄리어스 피들러에게 감사를 전합니다. 촬영과 테스트에 도움을 준 음식 팀 이슬라 머레이와 크리스티나 맥켄지, 소피 맥키넌, 홀리 카길, 맥스 킨더에게도 큰 사랑을 전합니다. 베키 휠던과 리디아 록이어, 헬렌 마틴에게도 체계적인 진행을 도와주어 감사하다고 말하고 싶습니다. 그리고 오랜 친구인 피트 베그와 바비 세비어에게도요. 두 분이 없었다면 제가 어떻게 계속 일할 수 있었을까요.

이번 책처럼 지침을 지시하는 경우에는 영양의 균형을 맞추는 것이 가장 중요한 과제인데, 우리 영양 팀의 로지 배첼러에게서 기본적인 내용에, 루신다 콥에게서 기술적인 부분에 큰 도움을 받았습니다.

글과 관련해서는 언제나처럼 제 편집자인 레베카 베리티와 제이드 '파이 밤' 멜링, 수마야 스틸과 그 외의 나머지 팀원에게 사랑과 존경을 전합니다. 디자인을 담당해 저를 언제나 유행의 최전선에 서게 해 주는 제임스 베리티와 신입 데본 제프스, 그 외의 팀원에게 큰 감사를 표합니다.

제일 먼저 음식에 대해서는 나의 소중한 친구인 로드 데이비스 로프터스와 다리로 한몫한 남자 리처드 클랫워디에게 사랑과 감사를 전합니다. 인물 사진에 있어서는 오랜 친구 폴 스튜어트에게 존경하는 마음을 전하고 싶어요. 항상 저의 가장 멋진 모습을 담아주는데, 그것이 결코 쉬운 일이 아니라는 것을 알고 있습니다. 정말 고마워요. 그리고 줄리아 벨과 리마 오도넬에게도 두 분이 저에게 얼마나 큰 의미를 지니는지 전하고 싶습니다.

이제 정말 사랑스러운 사람들이 가득하고 저 자신은 물론 다른 저자를 돕기 위해 헌신적으로 일하는 제 오랜 출판사에 대해 이야기할 차례네요. 항상 사랑받는다는 실감이 들게 해 주어서 고맙습니다. 새로운 사무실에 초대해주기를 아직 기다리고 있는 중이기는 하지만요... 톰 웰던, 루이스 무어(네, 텔레비전에서 본 그 분입니다), 엘리자베스 스미스, 에이미 데이비스, 클레어 파커, 엘라 왓킨스와 켈리 타운센드, 줄리엣 버틀러, 캐서린 티발스, 리 모틀리, 사라 프레이저, 닉 론즈, 크리스티나 엘리콧, 디어드레 오코넬, 케이트 엘리엇, 나타샤 라니건, 케이티 코코란, 엠마 카터, 한나 패드햄, 크리스 와이엇, 트레이시 오차드, 샨탈 노엘, 캐서린 우드, 안잘리 나타니, 케이트 라이너스, 이네스 코르테사우, 제인 커비, 리-앤 윌리엄스, 제시카 메리딘, 사라 포터, 그레이스 델라, 스튜어트 앤더슨, 안나 커비스, 사라 데이비슨-에이킨스, 캐서린 놀스, 캐리 앤더슨, 그리고 펭귄 가족의 일원인 충실한 애니 리와 질 콜, 엠마 호튼, 캐롤라인 와일딩에게도 감사 인사를 드립니다.

JO HQ에는 이름을 전부 열거하기 힘들 정도로 훌륭한 사람이 너무나 많습니다. 저는 이렇게 재능 있는 팀과 함께 일할 수 있다는 것이 얼마나 행운인지 정말로 잘 알고 있습니다. 여러분 모두에게 저의 사랑과 존경을 보냅니다. 이 책의 제작에 크게 기여하고 도움을 준 분들의 이름도 소리쳐 외치고 싶습니다. 조 콜린스, 제레미 스콧, 로잘린드 고드버, 미셸 댐과 그 팀, 사스키아 워스와 헤더 밀너, 션 목세이, 소셜 미디어 팀, 리치 허드와 그 팀, 커스티 도킨스, 마지막으로 루이스 홀랜드와 알리 솔웨이에게 감사를 표합니다. 우리 훌륭한 사무실 테스트 팀에게도요.

책과 TV 프로그램이 함께 진행될 수 있었던 점도 더없이 자랑스러우며, 사랑스러운 샘 베도스와 케이티 밀라드, 에드 세인트 자일스가 이끄는 제작진과 스태프 모두에게 감사와 사랑을 전합니다. 채널4와 프리맨틀 담당자에게도 박수를 보냅니다.

그리고 이 글을 마무리하기 전에 저의 가장 가깝고 소중한 사람들에게 감사 인사를 전하고 싶습니다. 이 책을 바친 제 아내와 가장 친한 친구인 줄스, 이제 대학에서 각자의 인생을 살아가고 있는 포피와 데이지에게는 특히 이 레시피가 도움이 되었으면 좋겠고, 온갖 레시피를 함께 맛보며 훌륭한 조언을 준 페탈과 버디, 리버에게도 감사를 전합니다. 우리 멋진 어머니와 아버지, 안나 마리와 폴, 노튼 부인과 레온, 제나로 콘탈도 씨에게도요. 모두 사랑합니다. 한결같이요.

# CONTENTS

인사말 ... 6

도구 ... 9

## 프라이팬을 이용한 파스타

훈제 연어 파스타 ... 12
발사믹 파프리카 파스타 ... 14
버섯 까르보나라 ... 16
스트라치 프리마베라 ... 18
소시지 파파르델레 ... 20
갈릭 머쉬룸 탈리아텔레 ... 24
달콤한 파프리카 페스토 파스타 ... 26
새우 탈리에리니 ... 28
훈제 판체타 & 콩 파스타 ... 30
브로콜리 & 앤초비 파스타 ... 32
홍합 파지올리 파스타 ... 34
스쿼시 & 병아리콩 파스타 ... 36
참치 옥수수 탈리아텔레 ... 38
크리스마스 파스타 ... 40

## 채식의 기쁨

달콤한 토마토 뇨키 ... 44
구운 버섯 샐러드 ... 46
크레이지 페이빙 카넬로니 ... 48
달콤한 적양파 샐러드 ... 50
화려한 호박 수프 ... 52
친구의 베이크 파스타 ... 54
자이언트 머쉬룸 번 ... 56
마음이 편안해지는 장밋빛 밥 ... 60
잘게 썬 겨울 샐러드 ... 62
버섯 & 두부 국수 ... 64
하셀백 가지 파이 ... 66
구운 당근 샐러드 ... 68
바삭한 레이어드 감자 ... 70
야채 스튜 & 만두 ... 72
호지포지 수프 ... 74
토마토 튀김 ... 76

## 치킨 즐기기

케이준 치킨 트레이베이크 ... 80
치킨 & 머시룸 퍼프 파이 ... 82
푹 졸인 치킨 수프 ... 84
스위트 & 사워 로스트 치킨 ... 86
따끈한 치킨 스튜 ... 88
육즙 가득 타히니 치킨 ... 90
로즈마리 로스트 치킨 ... 94
허니 로스트 치킨 ... 96
파프리카 로스트 치킨 ... 98
미소 로스트 치킨 ... 100

영양 만점 치킨 시저샐러드 102
스매시드 레몬그라스 치킨 104
하리사 치킨 디너 106
강황 치킨 베이크 108
페스티브 로스트 치킨 110

## 달걀의 기쁨

자이언트 요크셔 푸딩 114
맛있는 채소 토르띠야 116
매운 감자 번 118
머쉬룸 샥슈카 120
가지 샥슈카 122
그린 샥슈카 124
펜넬 & 정어리 샥슈카 126
병아리콩 샥슈카 128
스파게티 프리타타 130
기운을 차리게 하는 칠리 에그 프라이 132

## 버거 & 토스트

꽉 찬 비프 버거 136
꽉 찬 베지 버거 138
옥수수 프리터 140
피리피리 크리스피 치킨 번 142
가지 파르미지아나 버거 144

크리스피 피시 번 146
간단히 만드는 플랫브레드 요리 148
퀵 퀘사디아 152

## 환상적인 생선

향긋한 생선 스튜 156
거꾸로 생선 파이 158
환상적인 어묵 160
데리야키 새우 162
브로콜리 & 참치 샐러드 164
팬에 구운 연어 & 새우 파이 166
스모키 홍합 국수 168
포일 안의 연어 170
새우 팬케이크 174
잡탕 해산물 스튜 176
새우 볶음밥 178
바삭한 페스토 연어 182
강렬한 생선 타코 184
쿠바 모조 피쉬 186
완두콩 & 새우 케저리 188
참치 & 훈제 파프리카 소스 190
참깨 연어 스테이크 192

### 육류의 진가

| | |
|---|---|
| 50/50 미트볼 | 196 |
| 부드러운 글레이즈드 양고기 정강이살 | 198 |
| 소시지 케밥 | 200 |
| 끝내주는 두카 양고기 구이 | 202 |
| 소갈비 | 204 |
| 양고기 & 병아리콩 코프타스 | 206 |
| 파르메산 프로슈토 스테이크 | 210 |
| 끈적끈적한 땅콩 스테이크 | 212 |
| 기막힌 살라미 돼지고기 | 214 |
| 훈제 판체타 돼지고기 | 216 |
| 돌돌 만 삼겹살 | 218 |
| 소고기 윗다리살 구이 | 220 |
| 레몬 허니 돼지갈비 | 222 |
| 간편한 양고기 핫팟 | 224 |
| 클레멘타인 로스트 덕 | 226 |
| 피스타치오 타프나드 양고기 | 228 |
| 나의 핫 & 사워 수프 | 230 |
| 거대한 마드라스맛 미트볼 | 232 |
| 미소 된장에 구운 스테이크 | 234 |

### 만능 요리

| | |
|---|---|
| 고구마 칠리 | 238 |
| 고구마 칠리 나초 | 240 |
| 고구마 칠리 퀘사디아 | 240 |
| 고구마 칠리 수프 & 아보카도 | 240 |
| 고구마 칠리 샐러드 볼 | 240 |
| 고구마 칠리 랩 | 240 |
| 고구마 칠리 구운 감자 | 240 |
| 50/50 볼로네제 | 242 |
| 파파르델레 볼로네제 | 244 |
| 볼로네제 파스타 베이크 | 244 |
| 슬로피 조 | 244 |
| 코티지 파이 | 244 |
| 양념한 렌틸콩 스튜 | 246 |
| 렌틸콩 스튜 & 흰살 생선 | 248 |
| 렌틸콩 수프 & 노릇한 파니르 치즈 | 248 |
| 렌틸콩 스튜 & 하리사 달걀 | 248 |
| 렌틸콩 토스트 | 248 |
| 놀라운 풀드 포크 | 250 |
| 풀드 포크 롤빵 | 252 |
| 돼지고기 누들 컵 | 252 |
| 돼지고기 볶음밥 | 252 |
| 돼지고기 & 콩 | 252 |
| 베네딕트 스타일 돼지고기 | 252 |

| 풀드 포크 피자 | 252 |
| 병아리콩 & 호박 캐서롤 | 254 |
| 병아리콩 & 호박 커리 | 256 |
| 토스트 위에 바른 병아리콩 & 호박 | 256 |
| 스페인 스타일 병아리콩 & 호박 | 256 |
| 병아리콩 & 호박 쿠스쿠스 | 256 |

## 푸딩 & 케이크

| 초콜릿 파티 케이크 | 260 |
| 꽃잎 푸딩 | 262 |
| 끈적끈적한 퍼지 푸딩 | 264 |
| 구운 레몬 치즈케이크 | 266 |
| 부드러운 크루아상 빵 | 268 |
| 허니 오렌지 트레이케이크 | 272 |
| 배 & 진저브레드 케이크 | 274 |
| 체리 라이스 푸딩 | 276 |
| 애프터눈 티 레이어 케이크 | 278 |
| 아이스 번 | 280 |
| 애플 커스터드 타르트 | 282 |
| 당근 롤케이크 | 284 |
| 블론디 케이크 | 286 |
| 물결 프로요 | 288 |
| 토피 사과 번 | 290 |

| 재료 모으기 | 292 |
| 제이미 영양 담당 팀의 메시지 | 294 |
| 감사의 말 | 296 |

# THE JAMIE OLIVER COLLECTION

| | | | | |
|---|---|---|---|---|
| 1 | The Naked Chef 1999 | | 14 | Jamie's 15-Minute Meals 2012 |
| 2 | The Return of the Naked Chef 2000 | | 15 | Save with Jamie 2013 |
| 3 | Happy Days with the Naked Chef 2001 | | 16 | Jamie's Comfort Food 2014 |
| 4 | Jamie's Kitchen 2002 | | 17 | Everyday Super Food 2015 |
| 5 | Jamie's Dinners 2004 | | 18 | Super Food Family Classics 2016 |
| 6 | Jamie's Italy 2005 | | 19 | Jamie Oliver's Christmas Cookbook 2016 |
| 7 | Cook with Jamie 2006 | | 20 | 5 Ingredients – Quick & Easy Food 2017 |
| 8 | Jamie at Home 2007 | | 21 | Jamie Cooks Italy 2018 |
| 9 | Jamie's Ministry of Food 2008 | | 22 | Jamie's Friday Night Feast Cookbook 2018 |
| 10 | Jamie's America 2009 | | 23 | Veg 2019 |
| 11 | Jamie Does . . . 2010 | | 24 | 7 Ways 2020 |
| 12 | Jamie's 30-Minute Meals 2010 | | 25 | Together 2021 |
| 13 | Jamie's Great Britain 2011 | | 26 | ONE 2022 |

# HUNGRY FOR MORE?

For handy nutrition advice, as well as videos, features, hints, tricks and tips on all sorts of different subjects, loads of brilliant recipes, plus much more, check out

## JAMIEOLIVER.COM    #JAMIESONEPANWONDERS

# 간단하지만 경이로운 원팬 요리

First published in the UK in 2022 by Penguin Michael Joseph. Penguin Michael Joseph is part of the Penguin Random House group of companies.

First published 2022

001

Copyright © Jamie Oliver, 2022

Photography copyright (see below page references)

© David Loftus, 2022; © Richard Clatworthy, 2022; © Paul Stuart, 2022

© 2007 P22 Underground Pro Demi.

All Rights Reserved, P22 Type Foundry, Inc.

The moral right of the author has been asserted

Photography by David Loftus, Richard Clatworthy & Paul Stuart

David Loftus: pp. 12-14, 18-30, 34-6, 48, 74-6, 82, 108, 120-28, 138, 153-7, 161-76, 184, 188, 198, 228, 234, 262-74, 280, 286, 290

Richard Clatworthy: pp. 16, 32, 38-46, 50-72, 80, 84-106, 110-18, 130-32, 140-51, 158-60, 178-82, 186, 190-96, 200-26, 230-32, 238-60, 276-8, 282-4, 288

Portrait photography by Paul Stuart

Design by Jamie Oliver Limited

Colour reproduction by Altaimage Ltd

Korean translation copyright © 2025 by Youngjin.com

Korean translation rights arranged with Penguin Books Ltd. through EYA Co., Ltd

No part of this book may be used or reproduced in any manner for the purpose of training artificial intelligence technologies or systems. This work is reserved from text and data mining (Article 4(3) Directive (EU) 2019/790)

jamieoliver.com

## KOREA STAFF

**저자** 제이미 올리버 | **총괄** 김태경 | **진행** 김연희 | **디자인·편집** 김소연 | **영업** 박준용, 임용수, 김도현, 이윤철
**마케팅** 이승희, 김근주, 조민영, 김민지, 김진희, 이현아 | **제작** 황장협 | **인쇄** 예림

이 책의 한국어판 저작권은 EYA Co., Ltd.를 통해 RANDOM HOUSE UK LIMITED와 독점 계약한 영진닷컴이 소유합니다. 저작권법에 의하여 한국 내에서 보호를 받는 저작물이므로 무단 전재 및 복제를 금합니다.

**1판 1쇄 발행** 2025년 8월 1일

**발행인** 김길수

**발행처** (주)영진닷컴

**주  소** (우)08512 서울특별시 금천구 디지털로9길 32갑을그레이트밸리 B동 10F

**등  록** 2007. 4. 27. 제16-4189호